刻铜文房闲赏

谢洪涛 著

山西出版传媒集团

三晋出版社

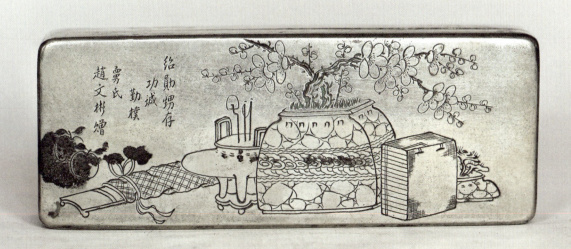

所谓刻铜文房，是指晚清民国以来以刻铜墨盒为主，包括镇尺、水盂、水滴、香盒等刻铜物品在内的文房刻铜制品。就现在所知，墨盒类刻铜文房起源于清中期，兴盛于清晚至民国时期，前后计约百年。清末震钧在其所著《天咫偶闻》中称，这段时期"墨盒盛行，端砚日贱，宋代旧坑，不逾十金，贾人亦绝不识。士夫案头，墨盒之外，石砚寥寥"。可知刻铜墨盒始一问世，便以其携带方便、储墨持久、色泽亮丽等诸多优势，一举盖过石砚，成为当时商贾、官室、学人所必备，并迅及整个社会及普罗大众，广为世人所爱。从我个人所收墨盒亦可得知，当时人们在庆贺寿诞、喜结良缘、学有所成、建功立业之时，或是店铺开业、工程落典等重要事项举办之际，莫不以此为赠。或许正因为如此，才使墨盒与当时社会生活的方方面面、特别是其中一些重要事件、重要地点和重要人物结缘，并以其特有的表现形式和丰富的内容禀赋，终于成为了中国社会文化发展史上五彩斑斓的一页。

据铜器专家贾文中先生称，中国的刻铜艺术早在商周时期即已产生，后历经数千年，惟清中晚以至民国时期的刻铜墨盒，才臻于顶点。雕工艺匠们视铜如纸，运刀如笔，融雕、镂、刻、镶、磨等多种技艺于一身，汇诗、书、画、印等多种内容于一器，深雕浅刻，挥洒纷呈。特别是清代后期以至民国，吸引众多名人大师参与，把一个小小的文房用物打造成了一个个精美绝伦的艺术品，以致其兴盛虽不足百年，却成就了中华古玩、特别是文房艺术收藏品最后的辉煌！

本人收集这类物品，完全出于偶然。

2003 年初，在我临近退休之年，有朋友见我清闲无事，便拉我到南宫逛地摊。

说到南宫，太原人都知道，就是太原市工人文化宫。它始建于 1958 年，隶属太原市总工会。或因其位在当时旧城区之南，便被人们简称为南宫，是那个时代太原市少有的几处文化娱乐场所之一。改革开放以后，大概因为这里既有的文化氛围，或是因为这里有较多的空闲场所，便被市场相中并逐渐发展起来。据知情人士告知，最早在此处现身的是 10 余家小型书屋和几间古玩门店，后来又有了邮票、钱币和旧书报地摊。直到 1997 年，原在他处的古玩市场迁来此地，终于热闹非凡，成为太原一景。

其实此前我也来过，翻过旧书报，买过邮票和纪念币，但对同处一地且格外热闹的瓷杂地摊，却从未涉足。而这次朋友约我，却是特意要我陪他一起去逛瓷杂地摊。据他所言，这里乃淘宝圣地，其乐无穷。于是我便欣然前往。

南宫地摊每周两日，最热闹的要数周日。天还没亮就已经摊杂满地、人群熙攘了。在黎明前昏黑时分，看到有一束束手电光亮闪烁其间，确让人有古玩行话中说的"鬼市"之感。其鼎盛阶段，除本土乡民及周边省份来客外，时或还能见到几位金发碧眼的异域人士，和大家一起在摊位间踱来踱去，悠闲而且惬意。由于我是不经意间进入这个行当的，开始一段时间只是和朋友一起闲逛，后来才逐渐对一些瓷杂小件如笔筒、笔洗等产生兴趣。但当时给我的感觉，即使此类物品，价格也已不低。这时有朋友便指点我，让我适当关注墨盒。我按朋友的建议试着收了几件，觉得确实有些意思。

其一是价格不高。每只几十以至数百元，千元以上的尚不多见，这和动辄上千以至上万元的瓷器相比，"简直是小儿科"（藏友语）。其二是有文化品位。就其所承载的文化内涵看，并不逊于其它。其精巧典雅之态，很适合鉴赏与把玩。于是它就成了我的收藏主项，不知不觉收了十多年，其间酸甜苦乐之故事甚多，非亲历者莫可名状！就我所经历而言，首先是区分新老、亦即真假，此外还要弄清楚物品的档次、品相和价格，有时还得看机缘和心境。

2012年夏，当时我已有近十年的"收藏工龄"，当时在忻州看到一只墨盒，刻五言诗，名人名款，包浆老到，睹之令人心动，但对其字体却并不熟悉，心中不免犹豫：收下吧没有十分把握，放弃又觉可惜，最终还是心存侥幸，把墨盒收下了。回来和朋友一起切磋，才弄清是老盒新工。这才感到朋友们日常所说的"活到老，学到老"，乃是至理名言！当然在面对精品时，也还应当果断出手，不可过于计较。

2007年我和老伴赴美探亲，曾在网拍上看到一只墨盒，器型硕大（边长12.5厘米），铜质精良，有铭款。盒面开光梅兰竹菊，内刻杜牧《阿房宫赋》全文，行楷体，清秀端庄，标价800美元。当时1美元约相当于人民币7.2元，此外要加15%的佣金，略贵了些，但我决定参拍。不巧的是，拍卖那天恰值美国变换夏时制，错过了时间，不免有些失落。后查看拍卖结果，发现此盒流拍，感到仍有希望，便让女儿与拍卖公司联系，得知仍可出售，价格如前，而且还有手续费。我以流拍为由希望对方降些价，对方不允。如此有些僵持，也就积累了一些情绪，导致最终没有成交，与一件精品失之交臂，此事至今为憾！可知在收藏中，心境有时亦相当重要。至于机缘，恐怕每个收藏者都有体会。

有一次还是在女儿家，在网上看到一只墨盒，盒面刻一方鼎，旁注一段文字，下列款识，周边刻一首回文诗。刻工老到，包浆浑厚，一看便让人喜欢。我决定把它收下，老伴也很支持，说拍到手作我的生日礼物。这一次是定时抢拍，即在网上规定的时间（精确到秒）内出价，价高者得，且决胜往往只在最后几秒，因此除事先必须策划好价格外，还须手快。遂商定由女婿操作，大家静候结果。待最后几秒，女婿将商定的价格迅速输入，眼见网页上显示的最终价格低于我们的出价，按规定一定非我莫属了！大家正待庆贺，却又发现网上显示的账号与我方账号不符，惊愕之余，才发现忙中有错，我们自己的账号竟然尚未登录！这就只能说是与我无缘了！

回首这些年，前后共收藏墨盒等刻铜文房物品300余件。东西收起来之后，不时和朋友一起赏鉴。于是有朋友建议我出一本书，此言亦合吾意。毕竟收了十多年，虽然精品尚不充盈，但总体观之，也还具备一定规模，且有一定的知识性和趣味性。把这些东西集在一起，或可从中看到一个时期内刻铜文房类物品产生和发展演变的一些痕迹与线索，于是决定一试。

此书定名闲赏，全在一个"闲"字。因为在收集之前，并无刻意的目标和追求，只是随缘而起；收集当中，虽有所着意，却也多是随缘而置；集起来之后，更是随缘而赏。收集同类东西多了，就会结缘一些朋友和同好，不知不觉中，就会形成一个"小圈子"。大家愿意在一起闲聊、交流与品评。其实收藏之乐趣，往往也正在于此。大家闲聊的落脚点，通常是南宫文化楼二层之"剑麟轩"室，室主人为赵鹏先生。同好们每有所得，常携于此；每遇所疑，便会有人直言或婉转以告；每有所获，也会皆大欢喜。大家时常会就其中的一字、一词、一语的理解或出处，进行探讨；或就一句诗，一篇文章，一个人物，一幅画面，以致整体刻工、布局的优劣，各抒己见。一时不明，还会查找资料，继续核对与落实。我的许多知识与心得，就是来自这类闲谈，并被收入书中。此书定名"闲赏"，也与此有关。

就我的收藏而言，如前所述，不过是刻铜文房沧海之一粟。此书若能让人从中窥知晚清、民国以来刻铜文房之一斑，并能为同好们茶余饭后聊解寂寞，则吾愿足矣。

本书将所列物品分为七类，故分七章来加以介绍。其实这当中每个类别的划分都还可以斟酌。比如有些放在一起不免重叠或勉强，有的则纯属权宜之安排。这种分类与其说与本人的认知有关，不如说取决于以下两个因素：一是一件刻铜物品本身往往就具有多重属性，二是某类物品收集到的数量多少不一。也就是说，本书的分类方式只是大概而已，不具严格的科学性。

借本书出版的机会，特向平时参与闲聊的各位藏友同仁表示感谢！尤其要对"剑麟轩"主人赵鹏先生和太原市社科院学者、南宫"天禄琳琅"主人马剑东先生深致谢意！因为有他们的帮助，本人才能顺利完成此书并交付读者。

2015 年 6 月

目 录

"寅生刻"款"米元章"书法墨盒
9cm×6.8cm×3.8cm

"茫父"款"司马安印"印章纹墨盒
9.2cm×9.2cm×3.3cm

"张定绘并镌"山水墨盒

11.8cm × 11.8cm × 5.5cm

"白石山翁"款三鱼图墨盒

9.3cm × 6.1cm × 3.1cm

孤舟独钓图墨盒

7.2cm × 7.2cm × 2.8cm

圆蚀形兰石图墨盒

13cm × 3.5cm

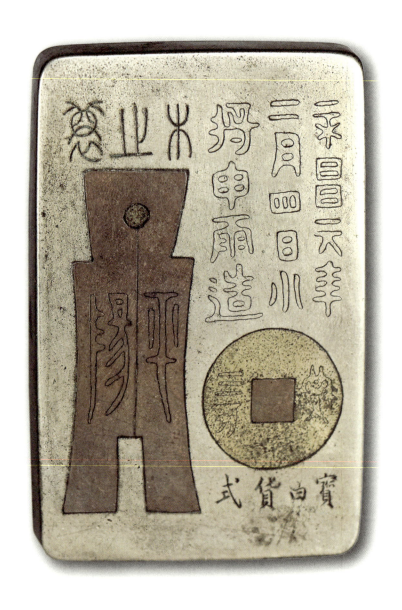

三色双镶布货纹墨盒

8cm × 5.2cm × 3.2cm

河北"任丘县小学观摩会奖品"墨盒

11.8cm × 5.2cm × 3.4cm

第一章　名人名款刻铜

1. "张定绘并镌"山水墨盒

方形：11.8×11.8×5.5 厘米，底铭"松古"。盒体制作规整，宽厚庄重，铜质精良，刻工精到，尽显气派。盒面满刻山水、楼台、古木、亭阁。山似双螺，水波回转，画面舒展大气，构图饱满有致。题款为"袁山大小双螺并，秀水东西一带横。光绪丁未六月、息庐先生教正，华亭张定绘并镌"。

张定，据《中国美术家辞典》载，号叔木，娄县（今上海松江）人，善篆、工画，刻印得秦汉法，生卒年不详；另说生于清道光年间。其画面所绘袁山、秀水，应为江西宜春景致。"华亭"为上海松江古称，现属上海市嘉定区。由张定属款并亲绘亲刻的墨盒，本人至今只见此一件，且刀工如此精湛，实为难得。

光绪丁未，即 1907 年。

息庐，经查晚清时期以此为字、号者二人。其一为邵松年（1848—1924），字伯英，号息庵、息庐，江苏常熟人，清光绪九年进士，授翰林院编修，历任会试同考官、河南学政等职。擅书法，工小楷，能画，有《邵松年小楷》留于世。另一为杨文莹（1838—1908），浙江钱塘（今属杭州）人，字雪渔，号息

庐，光绪三年进士，授编修。历任湖南考官、贵州学政，杭州养正书斋总理及学海堂掌教等职。工书法，有《息庐集》留世。由上观之，此二人中后者可能性更大些。但究系何人，尚须确考。

　　松古，全名"松古斋"，系晚清、民国间北京琉璃厂一家经营文房用品的老字号店铺，时与"清秘阁"齐名。其牌匾传由晚清翰林及书法家胡濒所题。

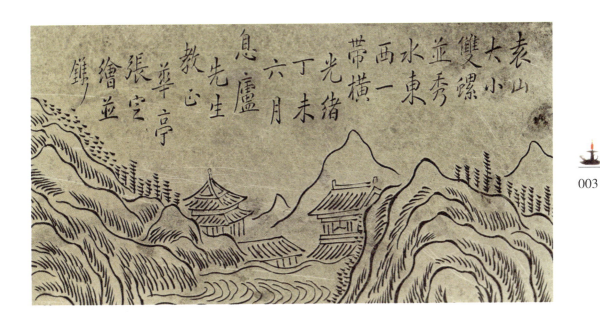

2. "性存"、"管臣" 款 "华山碑文" 书法墨盒，另附华山碑文拓片及镇尺各一

方形：5.7cm×5.7cm×2.8cm，底铭 "裕兴"。盒面隶书双勾华山碑文："云，雨我农桑。资粮品物，亦相瑶光。崇冠二州，古曰邑梁。冯于" 数字，周边以细阴线圈隔，下注 "华山碑文" 四字。上款 "性存"，下款 "管臣"。盒虽小而铜质精细，刻工精到。

与此同时，本人还收一铜尺（23.5cm×2.8cm），亦为隶体双勾华山庙碑文字，且恰与此盒文字相前后："岩岩西岳，峻极穹苍。奄有河朔，遂荒华阳。触石兴云，雨我农桑"。铜尺甚宽厚，刻工亦佳，惜为单只，并附 "华山庙碑" 拓片及字帖同赏。

性存（1874—1928），阮姓，字荀伯，余姚人，中国近代法学家。早年留学日本法政大学，返国后创办浙江私立法政学堂，为早期律师，曾与沈钧儒等人共同发起组建"立宪国民社"。1927年任浙江省政府委员兼司法厅长，次年病逝。当地为纪念他，将杭州市庆春路众安桥西段定名为"性存路"，至今沿用。

管臣（1883—1968），聂姓，名其炜，字管臣。早年留日，辛亥革命后受孙中山委任为中国银行副总裁，后因得罪袁世凯离职。其家为上海名门，

其祖母曾纪芬为曾国藩之女，其父聂缉椝历任上海道台、安徽及浙江巡抚，其兄聂云台曾任上海总商会会长。

由此可见，此盒虽小，却承载着百年往事，加之其盒面留下的人为刮划的痕迹，显得满目苍夷，用"饱经沧桑"来形容，是再贴切不过了。

3. "傅作义"款"進德脩艺"书法墨盒

长方形：9cm×3.7cm×3cm，铜质细腻，手感沉重，盒可盈手。盒面隶刻"進德脩艺"四字，刀工深峻，笔法扑拙。署款"小山兄珍用、傅作义赠"。盒面周边围以细阴线，做工考究，显为上品。

傅作义（1895—1974），字宜生，山西荣河（今属临猗）人。国民党二级陆军上将，爱国将领。1949 年 1 月毅然率部起义，实现北平和平解放。建国后历任中华人民共和国水利部部长长达 25 年之久，为新中国水利事业作出了突出贡献。

4. "仪村杨深秀"款书法墨盒

长方形：6.3cm × 4.3cm × 2.8cm，底铭"万宝"。盒面微雕《李白春夜宴桃李园序》全文，蝇头小楷，虽历经百年，仍清晰可辨。上款署"爵菴三兄大人雅正"，下款落"庚寅仲春录李白春夜宴桃李园序、仪村杨深秀书"字样。

杨深秀（1849—1898），号仪村，原名毓秀，山西闻喜人。光绪十五年进士，授刑部主事，累迁郎中。1897 年授山东道监察御史，立志"以澄清天下为己任"。"戊戌变法"中，不避艰险，援引古义，呈请慈禧撤帘归政，遂遇害，为"戊戌六君子"之一。

光绪庚寅即 1890 年，此盒为杨氏遇害前 8 年所书。

据有关记载，杨曾于 1880 年任山西省城"令德堂书院"协讲。其时，"令德堂"与"晋阳书院"同为全省士子之最高学府。其原址为太原府署之"宝贤堂"，即今"山西省实验中学"所在。

此盒亦承载着百年风云，意涵深沉，堪称宝藏。

万宝，未能确知，但寻得一些线索。据《北京经济史资料》一书载，北京学者刘小萌在其所著《清代北京旗民关系》一文中讲到，清晚期"前门外珠宝

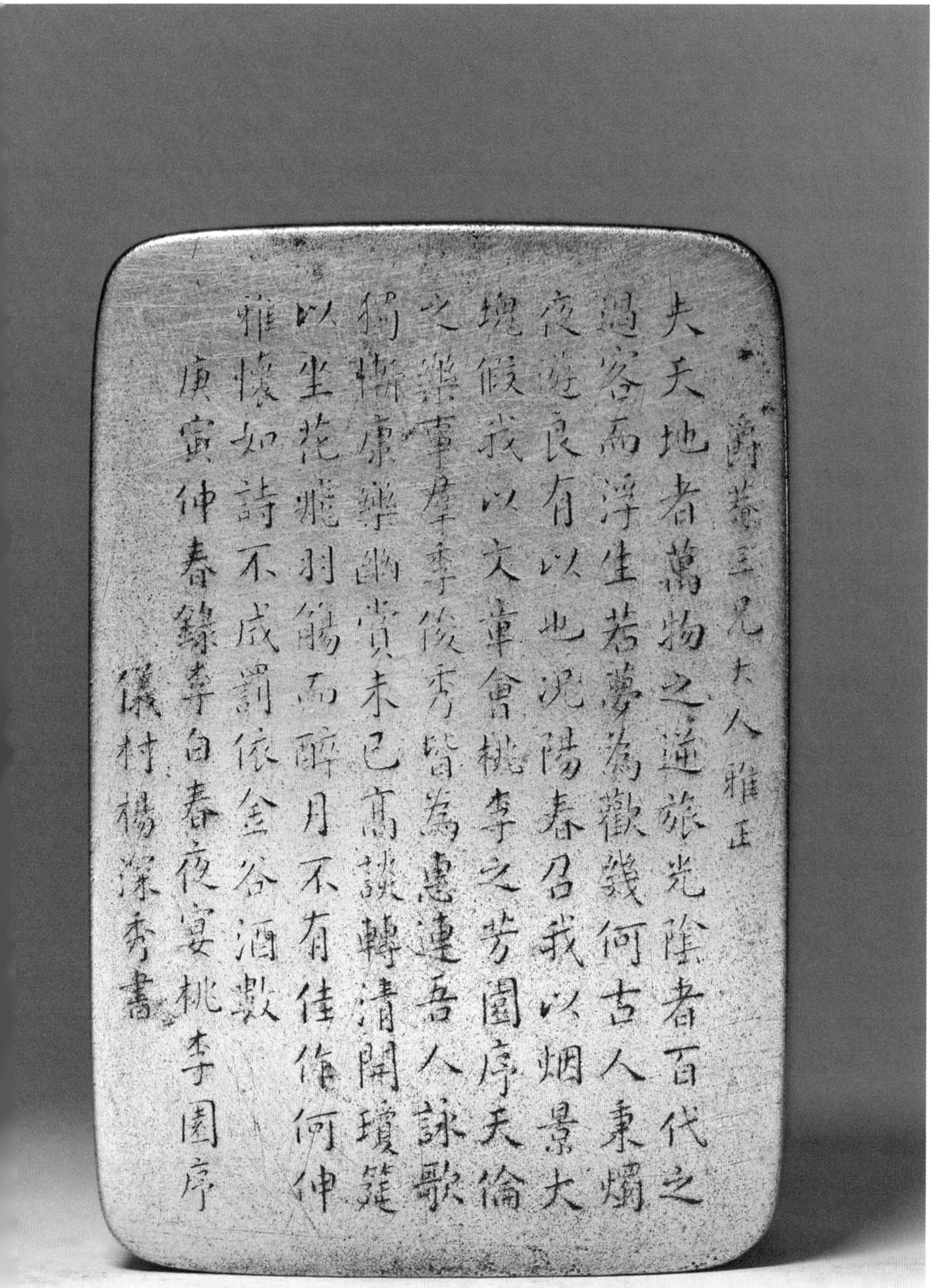

夫天地者萬物之逆旅光陰者百代之
過客而浮生若夢為歡幾何古人秉燭
夜遊良有以也況陽春召我以烟景大
塊假我以文章會桃李之芳園序天倫
之樂事羣季俊秀皆為惠連吾人詠歌
獨慚康樂幽賞未已高談轉清開瓊筵
以坐花飛羽觴而醉月不有佳作何伸
雅懷如詩不成罰依金谷酒數
庚寅仲春錄李白春夜宴桃李園序
鑲村楊深秀書

爵蓉王兄大人雅正

市中间路东一带有柳茂林等人合伙""设立万宝斋账本铺",光绪二十六年（1900）被焚,后改为"源兴号盔头铺"生意。另据嘉德拍卖公司2014年春拍资料,其第2658号拍品为三卷宣纸,其上均留有《北平万宝斋监制虎皮宣》戳印。由上可知,当时北平确实有个"万宝斋",而"万宝斋"的经营又确与文房用纸有关,即具有对文房用纸的监制功能。由此可否推断,"万宝斋"可能经营其他类文房用品,亦或可经营铜墨盒,而"万宝"亦即"万宝斋"。当然,此断尚须确证。

5. "武昌张裕钊"款书法墨盒

圆形:11cm×3.8cm,铜质精粹,包浆莹润。盒底特制加厚,底面刻有几个阿拉伯数字,不知何意。盒面所刻为刘禹锡《陋室铭》全文,布局考究,刀工精湛,显系精心之作。上款为"华甫三兄",下款落"武昌张裕钊赠题",可知所刻字体为张裕钊本人书法风格。

華甫二兄大人雅玩

山不在高有仙則名水
不在深有龍則靈斯是
陋室惟吾德馨苔痕上
階綠草色入簾青談笑
有鴻儒往來無白丁可
以調素琴閱金經無絲
竹之亂耳無案牘之勞
形南陽諸葛廬西蜀子
雲亭孔子云何陋之有

武昌張裕釗贈題

张裕钊（1823—1894），字廉卿，湖北武昌人，近代士人，散文家、书法家。清道光二十六年中举，考授内阁中书，后入曾国藩幕府，为"曾门四弟子"之一，被曾氏推许为"可期有成者"。张氏生平淡于仕宦，酷喜文事，曾主讲江宁、湖北、直隶及陕西各书院。

6. "冯文蔚"款书法墨盒

圆形：8cm×3.5cm，底铭"成兴"。盒面刻"以铜为式，墨海挥成。惟虚斯受，即清则澄。取携良便，曰小金城"24字。大意是：用铜打造成一定式样，一方海砚就落成了。唯有虚心，才能受纳这清澄明亮的墨汁。使用和携带它都很方便，可说是一个小小的坚固的城池呵！落款是"槐庭三兄"和"冯文蔚书"字样。字体洒脱，清秀流畅，极具功力。盒面虽年久斑驳，亦难掩其佳品风貌。

冯文蔚（1814—1896），字联堂，号修庵，浙江乌程人。清光绪二年丙子恩科探花，授翰林院编修，后任国史馆协修、顺天乡试同考官、功臣馆纂修及河南学政等职，官至内阁学士兼礼部侍郎。工书法，笔意风流倜傥。

总是三元六人属

以铜为式墨海
挥成惟窗斯受
阳清鸟澈取携
良使口小金城

冯久嵩书

小金城，系对墨盒坚固耐用的赞誉之辞。所谓"金城"，即"言城之坚，如金铸成"之意。

成兴，即"成兴斋"。据《新民晚报》载文称，该店是晚清民国间北京琉璃厂经营文房四宝的一家老字号，当年鲁迅先生编印《北平笺谱》时，郑振铎先生曾帮忙在北京琉璃厂多家肆号中收集，并选用了"成兴斋"部分笺纸。该店亦生产墨盒，且多有精品。

7. "水竹村人"款"云日朗朗"书法墨盒

长方形：11cm×7.1cm×2.8cm。盒面用凹腐蚀法印制"云日朗朗"诗文一首，落款"水竹村人"，笔势遒劲，字体潇洒，布局疏朗，一气呵成。底铭"北京 振信"。

水竹村人，本名徐世昌（1855—1939），号菊人、水竹村人，直隶天津人，生于河南卫辉。1879年曾与袁世凯结为盟兄弟，并得袁氏资助北上应试，中进士，授翰林院编修。1905年曾任清皇族内阁军机大臣。辛亥革命后，于1918—1922年任中华民国总统。任内无突出政绩，亦无昭彰劣迹。"七七事变"后，汉奸陈克敏曾试图以师生之谊拉其下水，徐闭门不见，并声言"我没有这样的学生"。徐晚年寓居天津，与旧僚友、门客一起研习书法绘画，著书立说，其国学功底深厚，且工山水松竹。

徐氏书风遒劲、洒脱，笔墨酣畅，此盒采凹版腐蚀法，活现了其书体风韵。

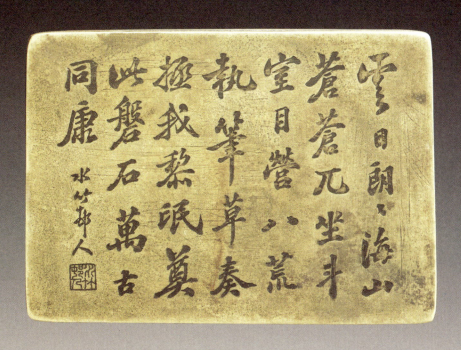

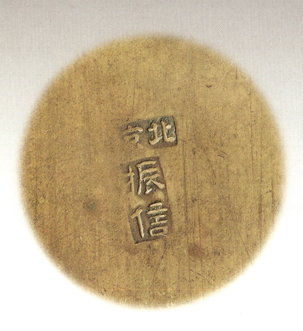

8. "程树荣"款"光明磊落"书法墨盒

方形：7.1cm×7.1cm×2.8cm，表层镀铬，盒面隶体双勾"光明磊落"四字，落落大方。

程树荣（1898—1969），字增光，回族，山西新绛县西关村人，早年就读于山西法政专科学校，毕业后入河东道尹衙门当差。后又考入山西警官学校，以入学及毕业成绩两个第一留省厅工作。1929年被派任运城公安局长，随后以政绩突出调任山西省会公安局长，又深获市民好评。1936年全国警务评比中，太原治安列当时首都南京之后，获第二名。

行笔至此，恰值网上时闻山西省会太原市三任公安局长接连被查的消息，笔者突发感慨：设若太原市公安局当政诸公此时此际睹此墨盒，面对80年前前辈同仁的业绩与人品，未知赧颜否?!

程在抗日战争初期曾任太原城防副司令，协傅作义将军驻守太原，在对日作战中负伤。伤愈后转至西安、兰州等地，兴办教育（回民学校）和实业（建国机器厂），继续为抗日作贡献。解放后被兰州市军管会聘为人民代表，后又被聘为西安市人民代表，并参加了中国民主建国会，广受民众称道。

随附其半身照一张，以资怀念。

程树荣半身像

9. 《三民主义歌》书法墨盒

　　长方形：12.5cm×6.3cm×3cm。铜质精良，包浆浑朴，制作规整。上刻《三民主义歌》全词。此歌原为广州黄埔军校校歌，首次出自民国十三年（1924）六月十六日孙中山先生对该校师生之训词，1930年被提议为国歌，1943年正式批准为中华民国国歌。刻字为行楷体，规整大方。原盒刻有上下款，后被人为刮去。细视其下款仅余"工"、"赠"二字，上款依稀可见"渊公仁兄雅玩"字迹。

　　经查，晚清、民国以"渊公"相称者二人，其中一位沈姓渊公，为清同光时期山水画家兼书画收藏大家，生平未见其有参与政治的记载。另一为何子渊（1865—1941），广东梅州兴宁人氏，为民国时期著名的革命家、教育家、实业家和社会活动家。何于辛亥革命前后曾创办多所新式中小学，宣传革命思想，培养革命人才。1896年曾秘密加入反清组织"洪门"，并被拥戴为嘉应州大佬，被同门中人尊为"渊公"。1905年，何加入同盟会，任嘉应州主盟人，并为潮州黄冈起义领导人之一，亦曾参与策划广州黄花岗起义。1914年响应孙中山号召组织讨袁军，后又受命兴办矿业，筹措革命经费。1920年任孙中山粤军总司令部参议，1925年又为东征军筹饷，1941年去世，是一位广具革命影响的历史文化名人和民主革命先驱。其代表作有《中华教育史》、《宋元明史概论》和《东汉文存》等。

10. 隶体双勾"中国人民大学"墨盒

长方形：9.2cm×6.2cm×2.5cm，铜质精良，制作规整。盒面隶体双勾"中国人民大学"六字，端庄大气，应为校方订制。

中国人民大学为我国重点高校之一，其前身系抗日战争时期创办于延安的陕北公学，后迁河北，先后称华北联合大学、北方大学和华北大学。建国后于1950年定址北京，改用现名，成为新中国创办的第一所综合性国立大学，且位列当时六所全国重点大学之首。因该校系国内名校，因此虽无款识，亦应列为名刻。

11. 朱德题词墨盒

长方形：10cm×6.1cm×3.1cm。盒面以凹版腐蚀工艺印制朱德题词："虚心学习，努力提高自己的政治文化和军事技术水平，使自己成为人民解放军的优秀战士。"落款为"朱德题　公元一九五一年制"。该盒工艺水平虽显粗糙，但包浆浑厚，书体质朴，制作亦有板有眼，极具解放初期的时代特征，不乏收藏价值。

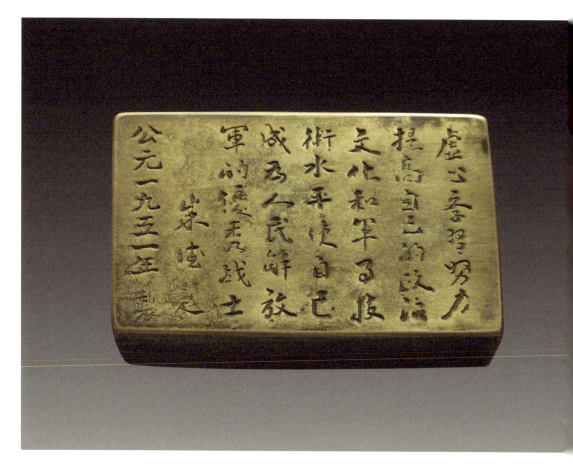

12. "蒋中正"款"寿"字墨盒

长方形：5.9cm×4.5cm×2.5cm。盒面深刻一"寿"字，并落"蒋中正"三字款及"蒋中正印"小方章一枚。盒虽小而制作规整，亦可一赏。

久孚同志七秩大庆

蒋中正

壽

蒋中正

此图节自《瀚海春拍图录》

少小须勤学
文章可立身
满朝朱紫贵
尽是读书人

云鲲吾侄勉学

剑秋置赠
三五.七.一

13. 隶体双勾"剑秋"款书法墨盒

长方形：10.7cm×7.6cm×3.1cm。铜质精良，包浆润泽，手感沉重。盒面隶体双勾五言诗句，语出北宋汪洙之《神童诗》。刻工精细，制作规整，布局庄重饱满。落款有"剑秋置赠，三五.七.一"字样，颇显功力。

经查"剑秋"苗姓，字诚实，辽宁铁岭人。1902 年生，1918 年入哈尔滨东华学校读书，后留学日本，赴东京帝国大学深造。返国后参加了东北军，历任张学良的副官兼机要秘书，为东北军中有名的"少壮派"军人，力主团结抗日，曾参与西安事变。在张学良被蒋介石扣留南京后，苗等急于营救并发动了"二·二事变"，招致东北军被整编以至瓦解。此后流亡日本，并在日本创办《自由中国》月刊，继续为中华民族的独立与解放出力。

雲鯤吾侄兒學

少小須勤學

學文章可立

身文章滿朝

朱紫貴盡是

讀書人

劍秋置贈七五、六

14. 隶体双勾"法律馆"墨盒

方形：5.9cm×5.9cm×3cm。底铭"宝文"。盒面隶体双勾"法律馆"三字，简洁庄重，规整大方，应为馆方订制。因此本书将此盒收入"名人名款"栏目。

"法律馆"为清代官署名，掌管修订各项法律。其初始由刑部律例馆改设，隶属刑部，后于光绪三十三年（1907）独立设置，并由刑部右侍郎沈家本执掌，为清末推行新政、革新法律而特设。

沈家本（1840—1913），字子淳，别号寄簃，吴兴（今浙江湖州）人，清末官吏，法学家，历任天津、保定知府，刑部右侍郎、修订法律大臣、资政院副总裁等职。沈精于经学、文学及法学，主持制定了《大清民律》等一系列法典。

宝文，即"宝文堂"。创办于清道光年间，初仅印售帐簿，后扩展经营图书，亦制售墨盒。

15. "笑山铁笔"款书法墨盒

方形：5.8cm×5.8cm×3.2cm。上刻"陆士龙与兄曰，有九子墨祝婚者，多子之义，录古书"，落款"笑山铁笔"。经查，"笑山"名谢春荣（1826—1920），其家为福建宁德旺族，幼承家训，以孝友传家，热心公益，乐善好施。民国七年，谢独资为家乡建校，历时三年竣工，名"笑山小学"，专供附近29个村庄学童上学，其时谢已离世。解放后，改小学为"笑山纪念堂"，以纪之。

陆士龙，名陆云，三国名将陆逊之孙，少时与其兄陆机齐名。

九子墨，古墨名，有多子多福之意，旧时文人多用以赠祝。

16. "鹿鸣"款 "周追敦"青铜器纹饰墨盒

方形：7.8cm×7.8cm×3.2cm，底铭"同文"。盒面刻青铜器纹，题识"周追敦"，署款"鹿鸣"。据荣宝斋拍卖公司有关资料称，"鹿鸣"张姓，上世纪二三十年代曾与荣宝斋合作，制作了一系列青铜器纹饰的刻铜墨盒与镇尺。其刻工规整大气，线条繁密细腻，笔法流畅，驰名遐迩。

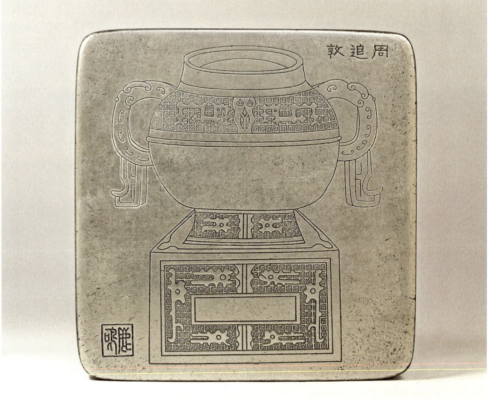

又据周继烈先生所著《铜匣古韵》载，"鹿鸣"称作"赴鹿鸣"。其文称："乙酉冬，同学阮申重大令闲谈及此，因谓家藏墨盒，以文达重、赴鹿鸣、旗匾银所制者为最先"。不知此文叙述是否准确，但"鹿鸣"其人及其刻铜确系名家名刻，当属无疑。

同文，据有关资料载，鸦片战争后，因语言交流问题，清政府成立了"京师同文馆"，简称"同文馆"，是清代培训译员的洋务学堂和从事翻译出版的机构，除教学外亦从事印制。是否制售墨盒，有待进一步考证。

17. "周蝉纹鼎"青铜器纹饰墨盒

长方形：9.4cm×6.3cm×2.2cm。此盒刻工精细，考究，立体感极强。与前图鹿鸣款墨盒刻工如出一辙，而精细处则有过之而无不及，故列此同赏。

周蟬紋鼎

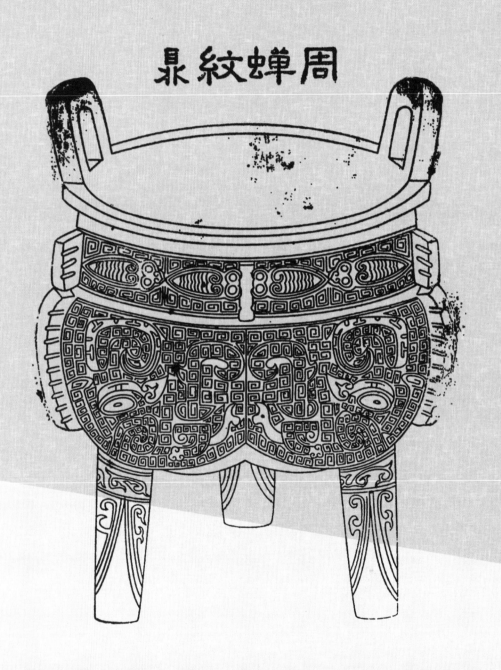

18. "王冶梅"款梅石图墨盒

长方形：6.6cm×4.7cm×2.5cm，铜质精良。盒面刻一奇石，石上斜出腊梅一枝，花朵绽放，素雅淡远，简洁疏朗。题识为："莫笑神情如静女，须知风骨是飞仙。"署款王冶梅，并用小方章一枚，甚具意趣。

王冶梅，名寅，字冶梅，南京人，流寓上海。善画，工人物、山水、木石、禽鱼与兰竹，尤喜画梅，与时人胡铁梅同以画梅闻于世。画作之外，有《梅谱》、《梅石谱》、《兰竹谱》传于世。

（随附王冶梅书画一纸）

030

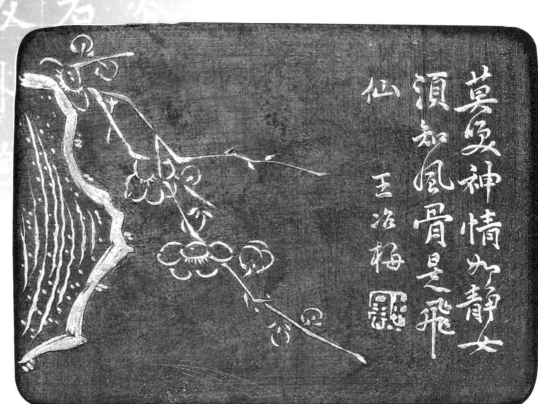

莫羡神情如静女
須知風骨是飛仙

玉沽梅

孤山處士魂
詩魂疎
澹石

19. "白石山翁"款三鱼图墨盒

长方形：9.3cm×6.1cm×3.1cm，加厚铜底，底铭"北京聚隆"。铜质精良，包浆莹润，手感沉重。盒面刻一尾大鱼，相随两尾小鱼，笔法一繁二简，同在水中嬉戏。鱼儿随波翻卷，神态灵动，周边水藻飘浮，线条洒脱。落款为"白石山翁作、齐璜"，并用"白石翁"篆书方章一枚。此盒无论刻工与盒材制作，

第一章 名人名款刻铜

均属一流。

　　北京聚隆，据《百年琉璃厂》一书载，当年琉璃厂有几个专卖铜墨盒的铺子，其中最有名的是西琉璃厂的"同古堂"，此外还有东琉璃厂的"文宝斋"、"兴文阁"、"大德阁"、"聚龙号"等。这里所说的"聚龙号"，当为"北京聚龙"。

[下] 寅生、茫父刻铜

寅生，陈姓，名麟炳、字茂才，北京人氏，生于1830年，卒于1908年。清同治秀才，少读书习字，敏慧有才，书法篆刻、诗文曲赋、绘画鉴古、装帧拓墨无一不精，且通医术，尤以刻铜称于世。据齐如山先生所著《北京三百六十行》称，在墨盒上镌刻书画，系由寅生首创。在晚清民国刻铜墨盒繁盛的近百年里，前50年以陈寅生为代表，其后则是同古堂的张樾丞兄弟。又据《清稗类钞》载，陈氏所刻铜墨盒"足以曼生壶并传"，"凡入都门购文玩者，莫不以有寅生所刻为重"。

茫父，名姚华（1876—1930），字重光，光绪进士，曾留学日本，学识渊博，多才多艺，精书画篆刻及诗词曲赋。辛亥革命后，先后受聘于清华大学及北京女师、美专等校，曾任美专及北京女师校长。姚久居北京，常与京师刻铜名家张樾丞兄弟合作刻铜，有时亦自己刻制。其作品多临摹金石、古陶、断简、瓦当及古钱币等，有时亦自出画稿，多诗中有画，画中有诗。所刻刀法清晰，气韵婉丽，古意盎然，具有高超的艺术魅力。

20. "寅生刻"款"士行似铜"多层墨盒

圆角方形：7.2cm×7.2cm×8cm，三层，上层为盒盖，中层储墨，下层为印盒。铜质精粹，宝光闪烁，沉重压手。盒面刻四言诗句："士行似铜，惟近所铸；停蓄宝光，涵而不露。肆应无方，开物成务；用之则行，登高能赋。"字为行楷体，刀工深湛，字体端庄，结构严谨，尽显大家风范。署款"寅生刻"。

士行俦铜惟近亜

铸傅蓋寶光溢而

不露肆應毎方開

物成務用之則行

登高能賦寓生刻

全诗经求教太原市社科院古文字学者、"天禄琳琅"室主人马剑东先生释解如下：

士人的行为和铜一样，很容易锻造；能够集聚高贵的光泽，深藏而不外露。可以任意使用而没有成法，打造它并使之成为所需；使用的时候可以与我同行，登高的时候可以用它抒写和表达心声。

此盒从制作工艺和刻铜风格看，当属寅生精品。

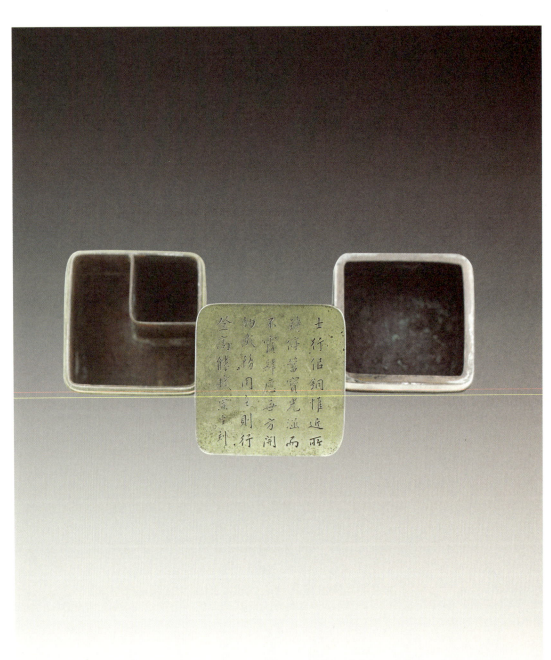

21. "寅生刻"款"米元章"书法墨盒及镇尺各一

墨盒椭圆形：9cm×6.8cm×3.8cm。上刻"米元章好书《天马赋》，如王子敬好书《洛神赋》，人间合有数本此卷小行草"。全刻运刀如笔，气韵流畅，一气呵成，观之颇具神采。

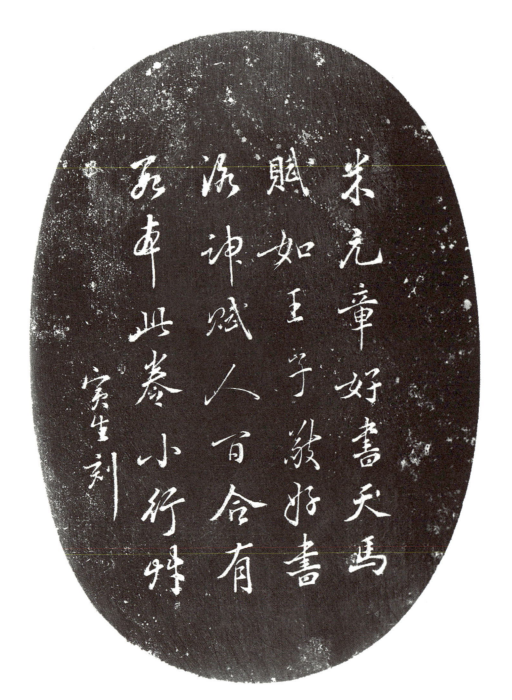

米元章好书天马赋如王子敬好书源沖赋人百合有不本此卷小行牂寅生刻

池塘四五尺深水，篱落两三般样花。过客不须频问姓，读书声里是吾家。寅生刻

池塘四五尺深水，篱落两三般样花。过客不须频问姓，读书声里是吾家。寅生刻

镇尺长19cm，上书："池塘四五尺深水，篱落两三般样花。过客不须频问姓，读书声里是吾家。"铜尺表面虽瘢痕累累，但字迹清晰，风韵犹存。以上文字功力深湛，均应为寅生真迹。

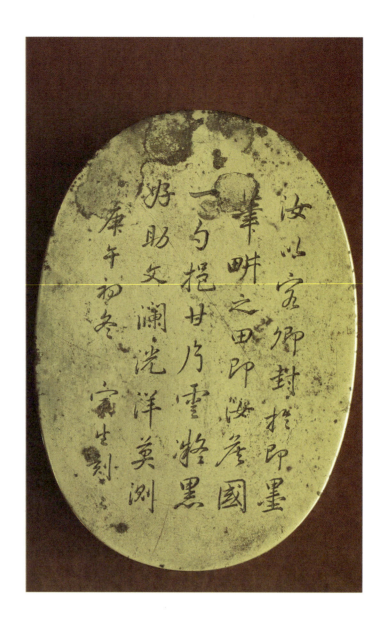

22. "寅生刻"款"汝以客卿"书法墨盒

　　椭圆形：8cm×5.8cm×3.4cm。上刻："汝以客卿，封于即墨。笔耕之田，即汝侯国。一勺挹甘，片云淤黑。好助文澜，洸洋莫测。"款落"庚午初冬、寅生刻"。此文通篇赞誉墨盒，大意是：你以外来士者的身份，封为即墨侯。那写作的田地，就是你的属国。注入一勺清明澄亮的（墨）汁，一片片白云（丝棉）就淤积成黑色。它助你焕发出文彩，像宽广无际的大海一样变幻莫测。

　　由上可见刻者对刻铜墨盒何等珍视。据称宋代文人喜砚，极赞之并戏封以官爵。至晚清民国间因墨盒盛而代砚，则由爱砚转而宝视墨盒。以上皆属文人雅好。此盒包浆亮丽，刻工流畅，文字清秀典雅，挥洒自如，系赏鉴佳品。

　　客卿，官名，始于秦。秦时外来人做官，即封为客卿，后此官职得以沿用。此处以墨盒为喻。

洸洋，指水面广阔无涯状，意同"汪洋"。

庚午，以寅生年龄计，应为1870年，可见此盒至今已逾140余年。且寅生刻铜难得有明确纪年，保存又如此完好，当属珍藏佳品。

23. "寅生摹古"款古币图墨盒

长方形：7.8cm×4.6cm×3.2cm，底铭"松竹"，制作规整，包浆润泽。盒面以细阴线刻古币数枚，布局巧妙，刀工清爽，叠插自然。上款为"少石一兄大人"，下款落"寅生摹古"。由此可知此盒是寅生自选自刻用来送人的。盒小而精，一笔一划，尽显功力。

松竹，即"松竹斋"，是"荣宝斋"的前身。始建于清康熙十一年(1672)，经营笔墨纸砚。至晚清民国时亦经营墨盒、镇尺等物，至今仍名播宇内。

古砚池中越墨
波古笔法妙
必日芙雄一秦
名多字揆盡山
陰道士鶩

24. "古砚池中"与"燕瘦环肥"书法墨盒

一为圆角方形：6.3cm×6.3cm×3.1cm。铜质细腻，刻工流畅，字体清劲。另一为长方形：5.4cm×3.5cm×2.8cm，上刻"燕瘦环肥，风流未艾，家鸡野鹜，好尚悬殊，此书家所以分门也"。显然是在讲书法风格、分类和人们的不同爱好。两盒虽无款识，然其笔法功力与寅生有相似处，故留此赏析。

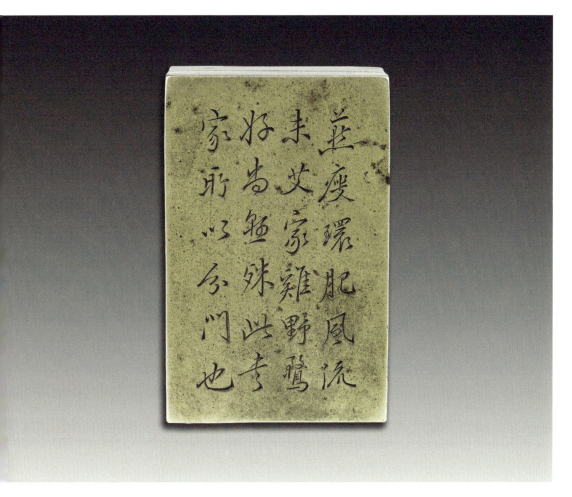

25. "寅生刻"款青铜文墨盒两只

　　一为椭圆形：7.5cm×5.5cm×3.1cm，刻青铜古币及青铜文字，笔法流畅。另一为长方形：7.5cm×5.5cm×3.3cm，双勾兼阴刻青铜文，笔法折转飘逸，十分耐看。

　　笔者对寅生刻制青铜文字的风格如何，没有做过推敲，但就整体功力及布局看，特别是落款的"寅生刻"三字，与寅生刻工可有一比。

　　两盒文字经马剑东先生释解，大致照原图顺序排列如下：

	瓦				王	中 四 章	
央	未				尊	行 年 和	
宝	永	作				父	
石	萬				彝	作 大 宜	
左 龙	高	弄 吉			阿	吉 子	
					作	利 孙	（注：文字部分按原顺序，只说字，不说内容。）

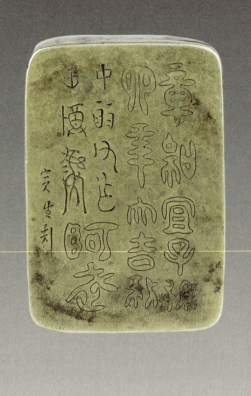

26. "寅生刻"款书法墨盒

方形：4.6cm×4.6cm×3.2cm。行楷体，铜质精良，刻工老到，布局规整。文章节自宋欧阳修《秋声赋》，原文大意是："何况要去思索他力所不能及的事情，忧愁那些智力达不到的境况。这样一来，他那丰满红润的面容也就变得苍老枯槁，乌黑发亮的须发也变得像天空的星星那样稀疏，就很自然了。为什么自身不是金石那样的质地，却偏偏要与草木争荣呢？仔细想想，是谁摧残了自己，又怎能怨恨秋声呢？童子没有作答，低头打着瞌睡。只听四壁墙上虫声唧唧，像是应和我的叹息。"

整体观之，刻工与前例寅生真品相比较，功力有所差异，留此与同仁共析。

27. "寅生刻" 款书法小墨盒两只

一为圆形：4.5cm×3cm，上刻"挥毫落纸云烟起，写到黄庭恰好时"，底铭"四宝"。另一为方形：4.1cm×4.1cm×2.6cm，所刻语出宋·苏轼《后赤壁赋》。两盒虽小，但铜质细腻，包浆温润，刀工洗练，具相当功力，虽不能断为寅生，但仍具鉴赏价值。

28. "寅生刻"款瓶炉博古纹小墨盒

圆形：4.2cm×2.5cm，刻瓶、炉，内置兰梅，线条简洁、率意，布局紧凑，画面淡雅。但与寅生功力相较，多有不逮。

29. "寅生刻"款腐蚀版竹石图墨盒

长方形：11.6cm×7.6cm×3.2cm，底铭"文斋"。盒面曾镀银，并以凹腐蚀法印制竹石图一幅，配诗一首："日宜亭午月宜秋，万种迷离复地愁。一种清幽真可爱，此中精魄有王猷。"落款"庚午年秋月寅生刻"。盒面画风清劲，布局严谨，当有所本，诗文亦雅，但刻字功夫一般。从包浆及磨蚀情况看，当属老盒老工，但亦显非寅生所制，作为过往老物，或可一赏。

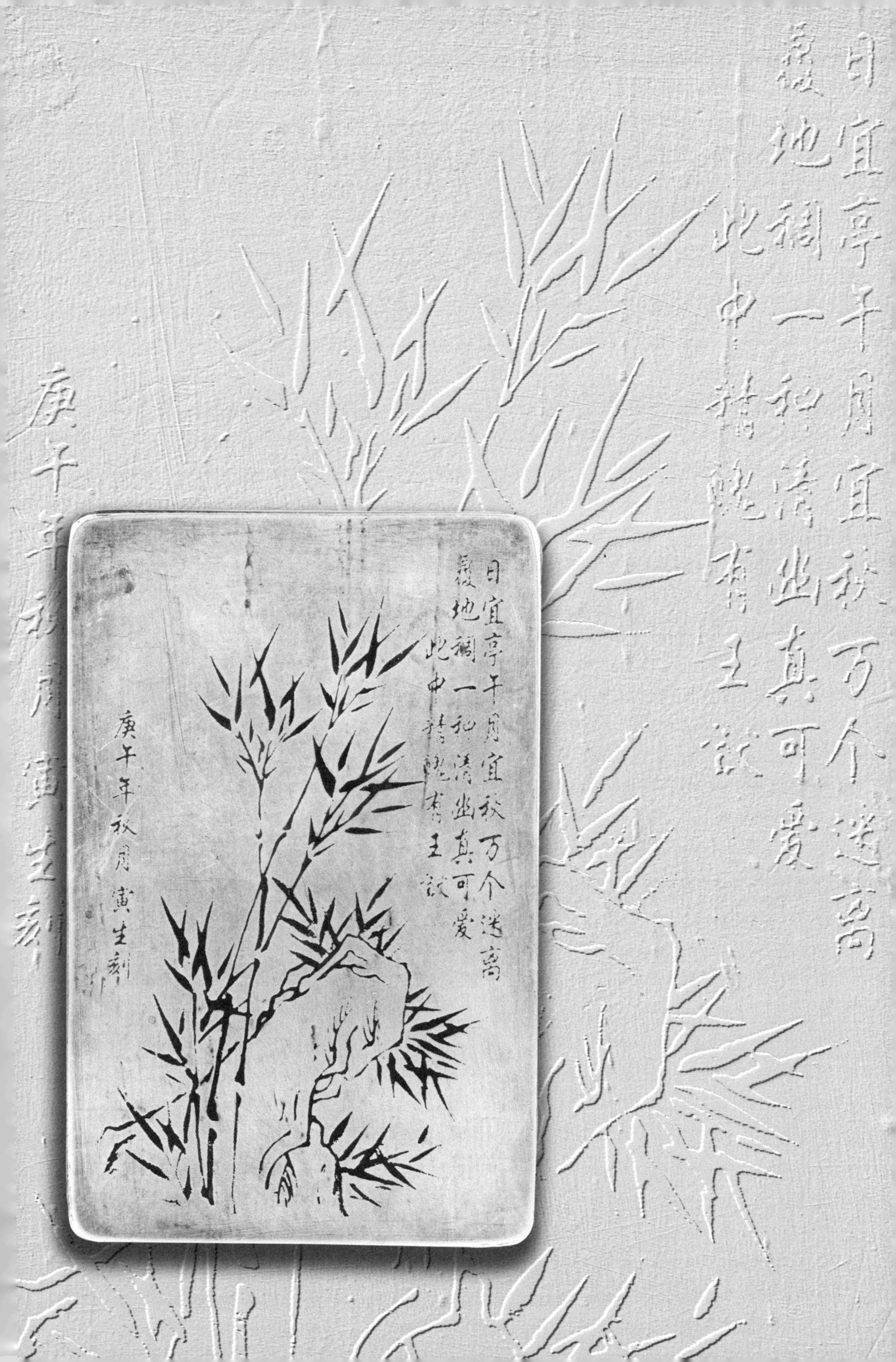
日宜亭午月宜秋万个迷离
叠地稠一种清幽真可爱
此中精魄杳王识
庚午年秋月寅生刻

30. "寅生刻" 款书法墨盒

方形: 4.8cm×4.8cm×3.8cm, 所刻语出《滕王阁序》。刻工娴熟, 气韵连贯, 甚具功力; 但总体观之, 与寅生书体似有所别, 留此共赏。

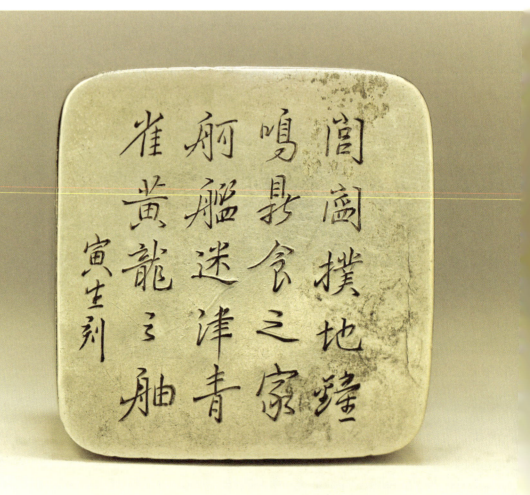

31. "茫父"款"一溪明月"印章纹墨盒

长方形：15.5cm×6cm×3.4cm。器形舒展、大气，铜质厚重，包浆润泽。盒面篆刻印章三枚，二方一圆，另开窗篆刻"吟书一夜"四字，旁均注有楷体释文。其中"一溪明月"为剔地阳刻，刀工深峻，章法谨严，气势雄浑；余则或篆或楷，均棱角分明，功力深湛，可称"入铜三分"。整体构图饱满有序，古朴苍劲，当属茫父刻铜精品。

053

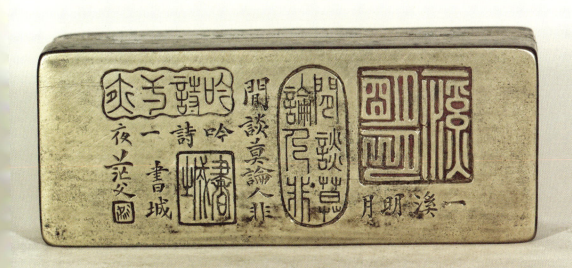

32. "姚华" 款诗文墨盒

方形：6.5cm×6.5cm×2.4cm，底铭："白铜、太原文蔚阁"。盒面刻五言诗一首："曾闻太华山，芙蓉插天半。幽壑鸣流泉，云崖集仙馆。"落款"庚申长夏、莲花山雨窗、姚华"，并有篆书印章两枚，一"茫父"，一"石父刻"。

字属楷体，于洒脱随意中，顿挫折转，极具功力。有说姚茫父参与刻铜，采两种方式，一是由其提供画稿，交名家刻制，此类多署款"茫父"；另一是自画自刻，多署"姚华"。

　　此盒诗文出处，经查为清初绘画大家王石谷之《太华仙观图》，原题识与此略有出入，为："曾闻太华山，芙蓉在天半。断壑鸣流泉，阴崖集仙馆。"

　　莲花山雨窗，为姚华早年北京寓所，即京城莲花寺。

　　文蔚阁，是清末民初山西太原一著名印刷厂兼出版社。据知情者介绍，原址即今太原市桥头街西口路南"国光文化用品商店"所在地。该社当年多出线装书(收一册图片随附)，兼营文房四宝。

33. "茫父"款 "凤芝龙术"印章纹墨盒

长方形：9.5cm×4cm×2.6cm，底铭"北平 万昌"。铜质精纯，包浆莹润，做工考究，盒体不大，但沉重压手。盒右剔地阳刻篆书印章纹"凤芝龙术"，刀法深峻，古朴浑厚，有汉印之风。中部阴刻篆书印章纹"寿同金石"，刀工劲爽，笔笔分明。两枚印章纹旁的释文，均为楷书，应为颜柳体式，端庄严谨而不失秀逸。左侧开窗内篆书"神品"二字，落款"茫父"。此盒字数不多，但功力深湛，具大家风范。

"凤芝龙术"，经求教马剑东、赵鹏二位先生曰："芝"与"术（音 zhu）"均为药材，加"凤、龙"二字，犹"凤毛麟角"或"龙肝凤髓"，言珍罕之意。网上曾见有山西郝建华先生一篇纪念傅山诞辰四百周年的文章，其中提到翁方纲跋傅山《乐毅论》小楷曰："傅青主先生工书法，如凤芝龙术，人间不可多觏"的文字，可证此意。

观此盒用语，当为祝寿而制，盒精而雅。

万昌为清末民国间北京前门外东打磨厂一家老字号铜锡店铺，以经营文房清供、壶、杯为主，亦制售墨盒、镇尺等物。

34. "姚华"款 "为学须先立志" 篆书墨盒

圆形：12.5cm×3.6cm。器型硕大，上刻五枚印章纹，篆书，其一为剔地阳刻，刀工古拙。另四枚为阴刻，旁均注有楷体释文，落款"姚华"。全刻结构严谨，构图饱满，惜年久磨蚀，多苍桑古旧之气，昔日容颜不再。

35. "茫父"款"司马安印"印章纹墨盒

方形：9.2cm×9.2cm×3.3cm。上刻印章纹两枚，其一为"司马安印"，剔地阳刻；其二为"陈王之印"，为规整的九叠篆体，印旁均有释文。全盒构图饱

满，刻工老到，彰显古拙之气。其中"汉司马安"一段文字，出自《史记》之《汲陈列传》，其意为：汉朝司马安，是汉大臣汲黯（正直敢言，全朝敬畏——笔者注）姐姐的儿子。此人擅长玩弄条文章法，巧于为官。其官位四次做到九卿。他的弟兄们由于他的缘故，同时官至两千石禄位的有十人。

九卿：中国古代中央一级行政长官的总称，起自西周，秦具雏形，历朝具体设置不尽相同。"二千石"在汉朝是俸禄而不是官职，当时一般指州牧一级官员的俸禄，后泛指高官。

陈王之印：盒面释文已注明，其中"景德二年"为宋真宗年号。

36. "茫父"款菊叶图墨盒

长方形：10.3cm×7.3cm×2.8cm。铜质厚重，包浆古旧。盒左上大半部刻菊，菊叶剔地打窪，叶脉清晰，具立体感。右下空白处题识："南山自古留佳句，一别陶家直到今。"落款"茫父"。刻工古拙、老辣、洒脱，别具一格。

華甫二兄大人雅玩

山不在高有仙則名水
不在深有龍則靈斯是
陋室惟吾德馨苔痕上
階綠草色入簾青談笑
有鴻儒往來無白丁可
以調素琴閱金經無絲
竹之亂耳無案牘之勞
形南陽諸葛廬西蜀子
雲亭孔子云何陋之有

武昌張裕釗贈題

第二章　诗文书法刻铜

37.《兰亭集序》书法墨盒

长方形：13cm×8.8cm×3.5cm。底铭："北京　同古堂"。盒面刻《兰亭集序》全文，计22行300余字，行楷体。字体娟秀端庄，形同微雕，加之布局规整，铜质精良，包浆温润，堪称刻铜佳品。

北京同古堂，系清末民国间位于北京西琉璃厂的一家名店，经营图章、墨盒及书画文玩等物，尤以刻铜文房著称，其创始人为刻铜大师张樾丞。民国年间，北京经营刻铜文房的店铺皆视"同古堂"为龙头。

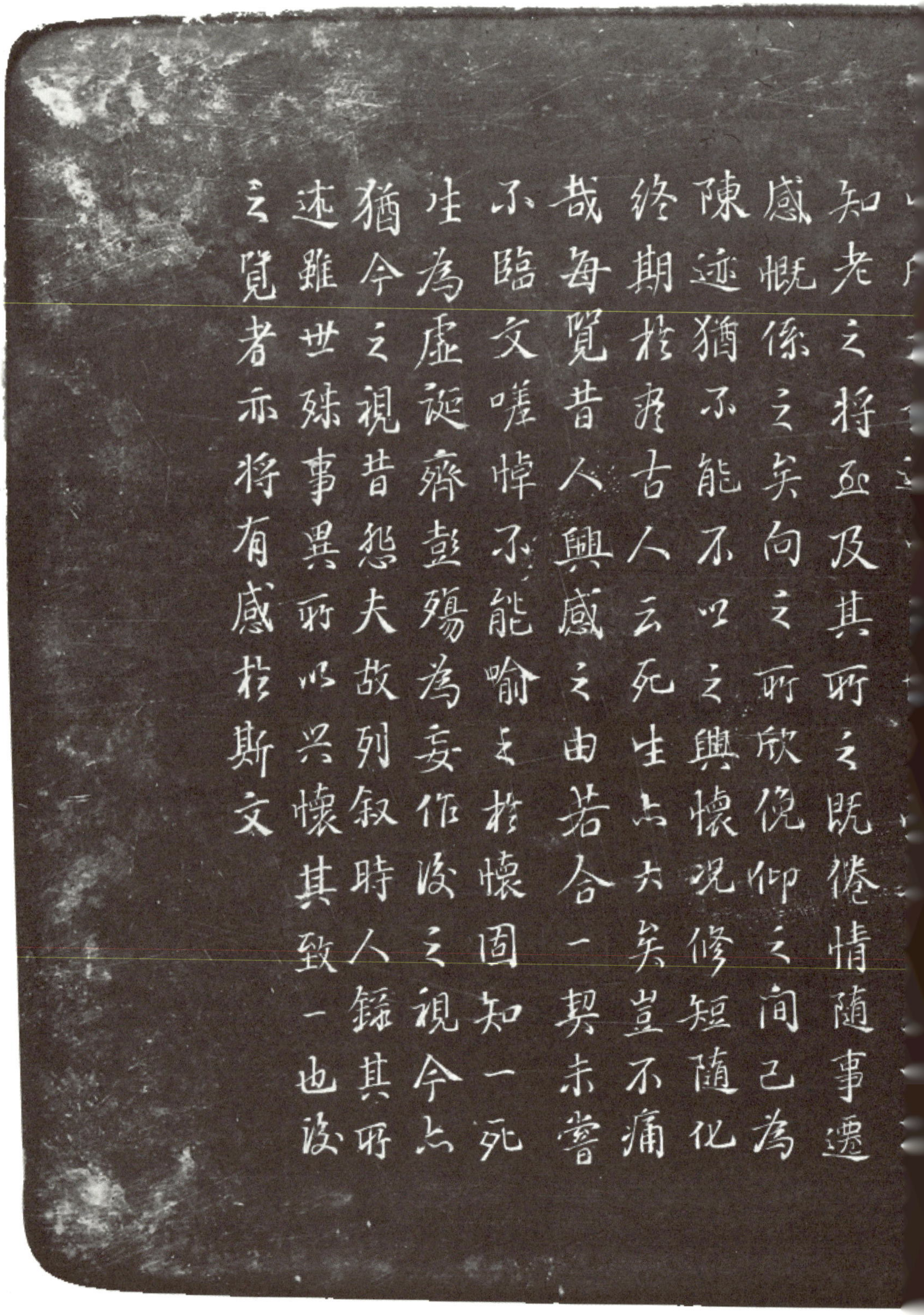

知老之将至及其所之既倦情随事迁
感慨係之矣向之所欣俛仰之间已为
陈迹犹不能不以之兴怀况修短随化
终期於尽古人云死生亦大矣岂不痛
哉每览昔人兴感之由若合一契未尝
不临文嗟悼不能喻之於怀固知一死
生为虚诞齐彭殇为妄作后之视今亦
犹今之视昔悲夫故列叙时人录其所
述虽世殊事异所以兴怀其致一也后
之览者亦将有感於斯文

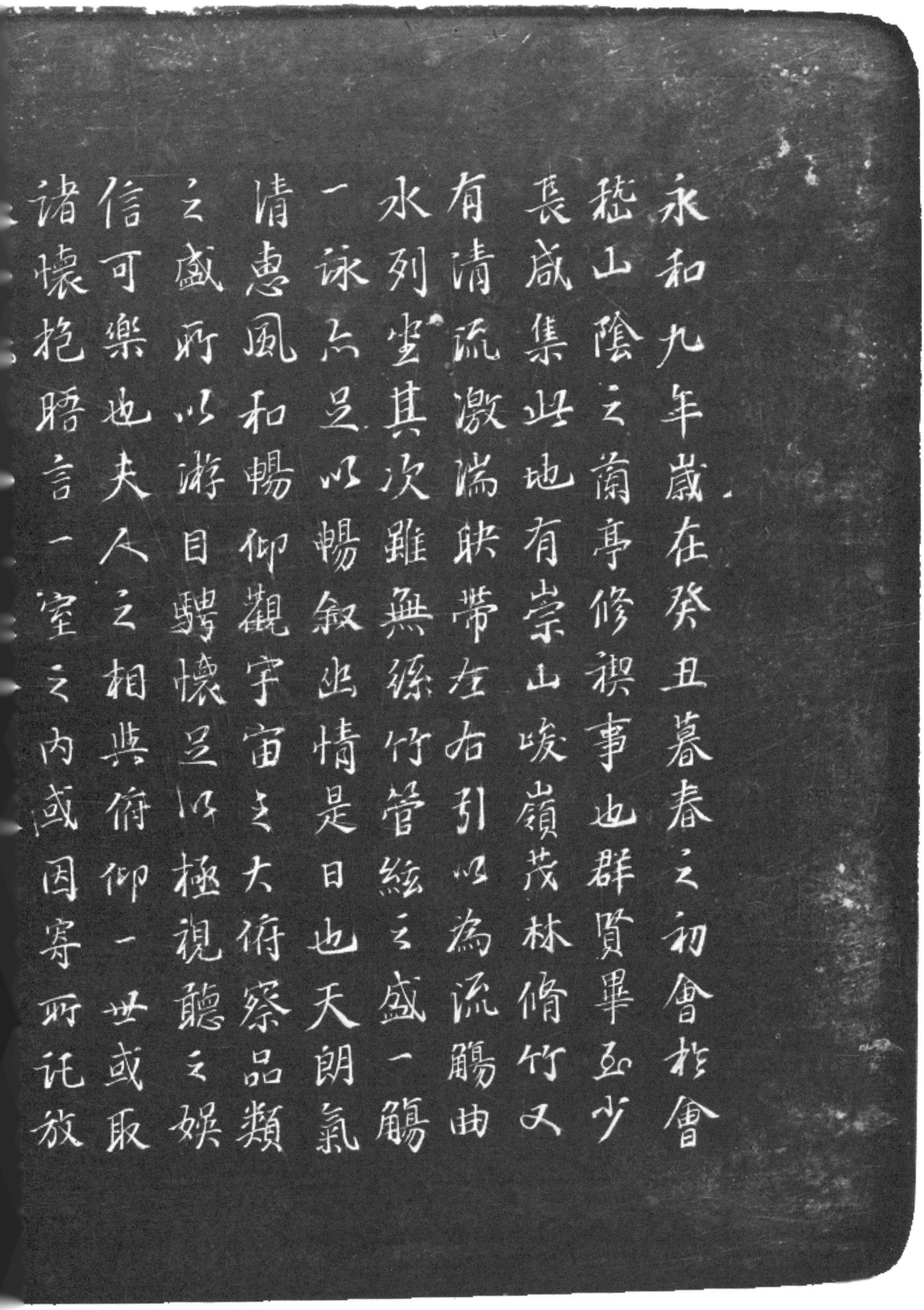

永和九年歲在癸丑暮春之初會於會
稽山陰之蘭亭修禊事也群賢畢至少
長咸集此地有崇山峻嶺茂林脩竹又
有清流激湍映帶左右引以為流觴曲
水列坐其次雖無絲竹管絃之盛一觴
一詠亦足以暢叙幽情是日也天朗氣
清惠風和暢仰觀宇宙之大俯察品類
之盛所以游目騁懷足以極視聽之娛
信可樂也夫人之相與俯仰一世或取
諸懷抱晤言一室之內或因寄所託放

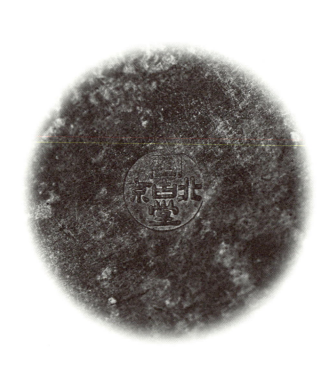

38. 节《兰亭集序》书法墨盒

圆形：8.3cm×4.2cm。底铭"白铜 兴文"。铜质精良，包浆浑朴，手感沉重，刻工如行云流水，一气呵成。字体飘逸洒脱，结构紧凑饱满，文尾现"孟冬偶录"四字，颇有信手拈来与悠然自得之态。观此，非刻铜大家莫能为之。

兴文，即"兴文阁"，前页"百年琉璃厂"已述。

墨

是日也天朗氣清
惠風和暢仰觀宇宙之
大俯察品類之盛所以游目
騁懷足以極視聽之娛信
樂也夫人之相與俯仰一世或
取諸懷抱悟言一室之內或因
寄所託放浪形骸之外雖
取舍萬殊靜躁不同當其
欣於所遇暫得於己快
然自足不知老之將至

39.《五柳先生传》书法墨盒

椭圆形：8.9 cm × 6.5 cm × 2.5 cm。盒面满刻陶渊明《五柳先生传》全文，行楷体，刻工精湛，形同微雕，字体端庄且不失俊逸，加之铜质细腻，包浆温润，布局得体，实属难得。

40. 《仙台初见五城楼》书法墨盒

方形：6.6cm×6.6cm×3.3cm。底铭"宝文"。盒面刻唐韩翃《同题仙游观》全诗，楷体，工整娴熟，字刻如写。诗文读之声调铿锵，平添了颇多韵味。

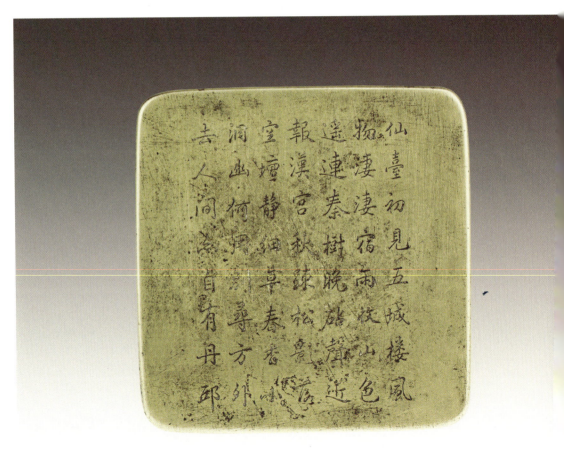

韩翃，字君平，南阳人，唐天宝十三年进士，"大历十才子"之一。建中年间，因作《寒食》诗被唐德宗赏识，提拔为中书舍人。其诗作常以笔法轻巧、写景别致著称。

五城楼，据《史记》载，系黄帝时修建，用以迎候神人驾临。本诗指仙游观。

丹丘，指神仙居处，昼夜常明。

宝文，前已有述。

41.《爱莲说》书法墨盒

　　方形：11cm×11cm×3.2cm。盒面满刻宋代周敦颐《爱莲说》全文，行楷体，布局疏朗，端庄清秀，器型硕大规整，颇可一赏。

　　周敦颐（1017—1073），北宋理学家，今湖南道县人，别称濂溪先生。其学术思想以儒学为基，融合道学、间杂佛学而成。其《爱莲说》是家喻户晓的散文名篇。

水陆草木之花可爱者甚蕃晋陶渊明独爱菊自李唐来世人甚爱牡丹予独爱莲之出淤泥而不染濯清涟而不妖中通外直不蔓不枝香远益清亭亭净植可远观而不可亵玩焉予谓菊花之隐逸者也牡丹花之富贵者也莲花之君子者也噫菊之爱陶后鲜有闻莲之爱同予者何人牡丹之爱宜乎众矣

42.《总理遗嘱》书法墨盒

　　方形：11cm×11cm×3.6cm。周边开窗饰锦地纹间瓶炉博古，内刻总理遗嘱全文，楷体；器型硕大，庄重规范。全文要旨在"唤起民众"与"联合世界上以平等待我之民族共同奋斗"，并告诫大家"革命尚未成功"，"凡我同志""务须继续努力"，至今意义仍在。

總理遺囑

余致力國民革命凡四十年其目的在求中國之自由平等積四十年之經驗深知欲達到此目的必須喚起民眾及聯合世界上以平等待我之民族共同奮鬥現在革命尚未成功凡我同志務須依照余所著建國方略建國大綱三民主義及第一次全國代表大會宣言繼續努力以求貫徹最近主張開國民會議及廢除不平等條約尤須於最短期間促其實現是所至囑

43. "见远自制"款总理遗嘱书法墨盒

长方形：9.3cm × 6.2cm × 3.1cm。盒面镌刻"总理遗嘱"全文，行楷体。属款"见远自制"，铜质精良，制作规整，颇具收藏价值。

44. "刘乐天"款总理遗言书法墨盒

长方形：7.2cm×4.4cm×2cm。盒面刻"革命尚未成功，同志仍须努力"12字总理遗言，行楷体，郑重工整。上款为"幼报社惠存"，下款落"刘乐天捐赠"字样。据称，"幼报社"于民国初年创办于西安，刘乐天为早期同盟会会员。

44. "刘乐天"款总理遗言书法墨盒

长方形：7.2cm×4.4cm×2cm。盒面刻"革命尚未成功，同志仍须努力"12字总理遗言，行楷体，郑重工整。上款为"幼报社惠存"，下款落"刘乐天捐赠"字样。据称，"幼报社"于民国初年创办于西安，刘乐天为早期同盟会会员。

077

第二章 诗文书法刻铜

45. 民国励志句书法墨盒

方形：11cm×11cm×3.5cm。盒体宽大，铜质精良，手感沉重。盒面所刻，似为民国时期对军政人员的砥励用语。字体布局，似为"龙门对"，惜不完全对称。上款"侯锡九"，下款"要献荣"，从盒面落款及词语看，二人似有一定身份，惜未查实。

侯錫九兄惠存

祇節勵行為互相勸勉之要道

同心協力尤軍人應俱之精神

舍身救國矢志靡他

羣策群力自強不息

吾輩必須提起精神奮發有為

努力革命奮鬥到底方不愧此生

民國十八年元旦 弟要獻榮贈於北平

46. "古砚池中"书法墨盒

方形：11cm×11cm×3.5cm。器型硕大，铜质精良，手感沉重，包浆润泽。盒面深刻"古砚池中"七言诗一首，行楷体。刀法跌宕起伏，气势酣畅淋漓，布局亦随其挥洒，却疏密有致。此盒虽无款识，亦当为大家所刻。

古硯池中起
墨波右軍書法
抄此何黄遵
一春無多字換
尖山陰道士鵝

古硯池中起
墨波右軍書法
抄此何黄遵
一春無多字換
尖山陰道士鵝

47. 节《滕王阁序》书法墨盒

方形：7.8cm×7.8cm×2.6cm。铜质细腻，包浆靓丽，刻工老到。其笔势婉转错落，拙中见巧，于不经意间显出其美感与韵味。

48. "支公去已久"书法墨盒

方形：7.8cm×7.8cm×2.6cm，底铭"宝源"。铜质精良，包浆润泽。盒面刻唐人刘禹锡《陪元侍郎游支硎山寺》全诗。刻工娴熟，笔势流畅，布局确当。

宝源：明清两朝均设"宝源局"，且均为铸造钱币之官署，隶属工部。清代此局是否在铸币之外还制作它类铜品，不得而知。但既具官署名号之尊，其余民间作坊，似不可再用。若此，则此盒当出自"宝源局"。

49. "垂纶非盗国"书法墨盒

方形：10cm×10cm×3.5cm，底铭"荣宝"。铜质精细，制作规整，手感沉重。盒刻唐人储光羲（707—760）《游茅山五首》之一："垂纶非钓国，好学异希颜。落日登高屿，悠然望远山。"其中垂纶即垂钓之意，借姜太公渭滨之钓喻事。所谓希颜，即仰望古圣先贤颜渊的意思。作者此诗似在表达自己忠心避世之意，这或与其身世起伏、仕路坎坷有关。储曾官至监察御史，在安禄山攻陷长安后曾任伪职，后贬死岭南。此盒刀工流畅，笔法飘逸，似拙而巧，颇可赏鉴。

荣宝，即北京琉璃厂之荣宝斋。其前身为松竹斋，清末更名，以经营文房四宝著称。其所产铜墨盒，多为精品。

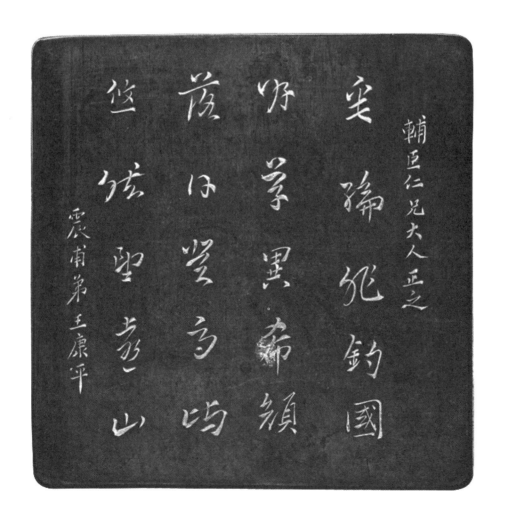

50. "知有前期在"书法墨盒

方形：7.2cm×7.2cm×2.9cm，底铭："白铜　太原文蔚阁"。铜质精良，刻工娴熟，包浆润泽。上刻为唐司空署《留卢秦卿》五言古诗。

石尤风，即逆风、顶头风的意思。典出元伊世珍《琅嬛记》。传说古代有商人尤某娶妻石氏女，情好甚笃。尤远行不归，石氏思念成疾，临亡叹曰："吾恨不能阻其行，以至于此。今凡商旅远行，吾当作大风为天下妇人阻之"。后因有此称。

司空曙：生卒年不详，广平（今河北永年）人，以进士而历任洛阳主薄、水部郎中等职。为"大历十才子"之一。

51. "翰墨生涯" 书法墨盒

长方形：7.9cm×5.4cm×3.4cm。铜质精良，盒面似曾镀金，色泽亮丽。文字为行楷体，刻工老到。

"青云路" 与 "雁塔名"，均为古代科举考中进士以致仕途通达的代称。雁塔即大雁塔，在陕西西安慈安寺中。唐时进士新中，都要在大雁塔内题名，故成此说。

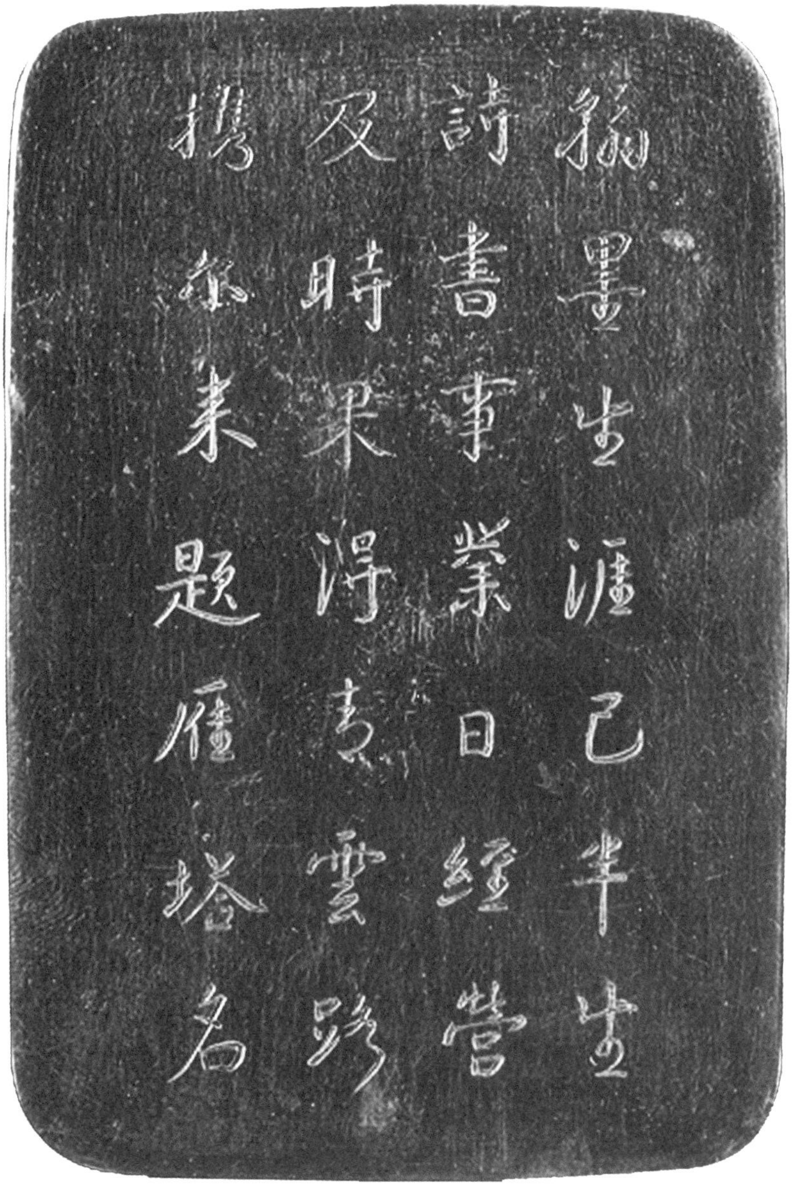
翰墨生涯已半生
詩書事業日經營
及時采得青雲路
携手來題雁塔名

52. "玉壶买春" 书法墨盒

椭圆形：8cm×5.8cm×3.1cm。铜质细腻，包浆莹润，刀法沉稳，功力内敛，字体古拙耐看。所刻诗句出自晚唐诗人司空图《二十四诗品》之"典雅"一品，全文为："玉壶买春，赏雨茅屋。坐中佳士，左右修竹。白云初晴，幽鸟相逐。眠琴绿阴，上有飞瀑。落花无言，人淡如菊。书之岁华，其曰可读"。文中以多个生动具体的形象，表述出"典雅"的品貌特征，大致可概括为以下三点：即朴素的形式、生动的气韵和自然天成的品格。

买春，即沽酒。

司空图（837—908），字表圣，河中虞乡（今山西永济）人，诗人、诗论家，以进士官至礼部员外郎。

53. "悟以往之不谏"书法墨盒

方形：7.1cm×7.1cm×2.8cm。盒面所刻，语出陶渊明之《归去来兮辞》。字属行楷，刻工娴熟。

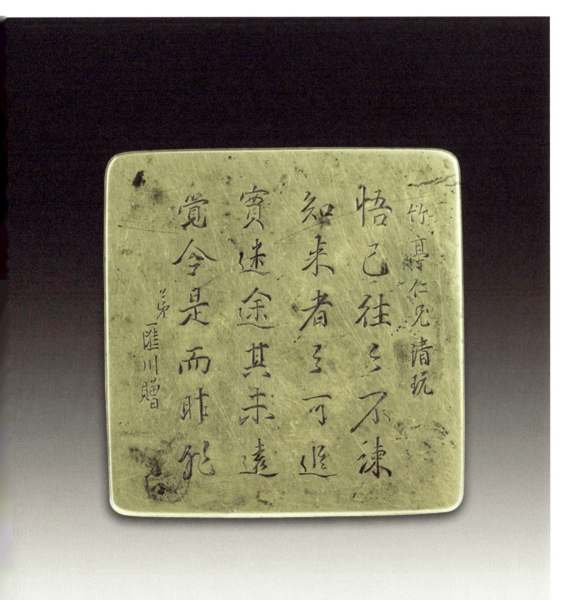

54. "颜鲁公书"书法墨盒

椭圆形：7.5cm×5.9cm×2.5cm。盒面刻"颜鲁公书，力透纸背；吴道子画，意在笔先"，寥寥数字，刀工劲爽，书体灵动，应属佳刻。

颜鲁公，即唐代大书法家颜真卿。他在《张长史十二意笔法记》中写道：

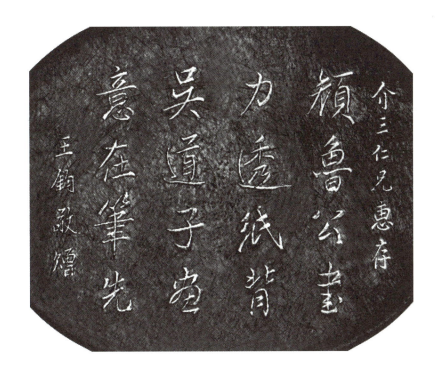

介三仁兄惠存

顏魯公書
力透紙背
吳道子畫
意在筆先

王鈞敬贈

"其用锋，常欲使其透过纸背，此成功之极也"。吴道子，唐代大画家，世称
"画圣"。所谓"意在笔先"，是赞其出神入化的绘画妙境：即画前并无粉本，
却已成画在胸，每一挥洒，皆为神品。关于"意"的另外一种解释是，画家所
画的是意、意境，或说是画家心灵中的风景。所谓成画，不过是表达画家心意
的工具。

55. "纸落烟云"书法墨盒

方形：7.2cm×7.2cm×2.6cm。铜质细腻，刻工洒脱。其中"纸落烟云"句，是说笔墨挥洒自如，多姿多彩，大家可共同来欣赏。"床连风雨"句，是说亲朋好友久别重逢，倾心交谈，并赋诗助兴。此盒虽只16字，却字字精到，颇有"纸落烟云"的况味。

56. "经天纬地"书法墨盒

　　长方形：9cm×4.2cm×2cm。底铭"大德"。盒面所刻，语出《左传》"经纬天地曰文"，及《国语》"天六地五，数之常也。经之以天，纬之以地"。形容人的才能极大，能规划天地，做成大事。"茹古含今"即博古通今的意思。以此推之，墨盒署款之"静尘"与"星南"二人，或许有些来历。

　　大德，即"大德阁"。见前页"百年琉璃厂"所载。另据荣宝拍卖公司有关资料，"大德阁"系清代重臣端方的随从寿山所办，专营文房四宝，其墨汁堪称一绝。

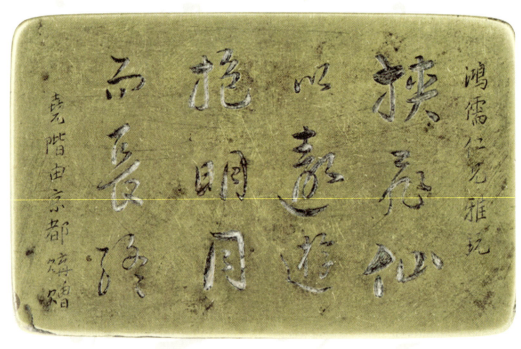

57. "挟飞仙以遨游" 书法墨盒

长方形：8cm×5.1cm×2.1cm。盒面所刻，语出苏轼《前赤壁赋》，刀工流畅，笔势遒劲，颇具神采。落款中有"由京都购赠"字样，说明当时就很看重。

58. "无丝竹之乱耳"书法墨盒

方形：7cm×7cm×2.6cm。底铭"万昌"，铜质细腻。所刻语出唐刘禹锡《陋室铭》，刻工洒脱率意，字体折转有致，或可一赏。

万昌，是民国时北京前门外一家颇有名气的铜锡店。

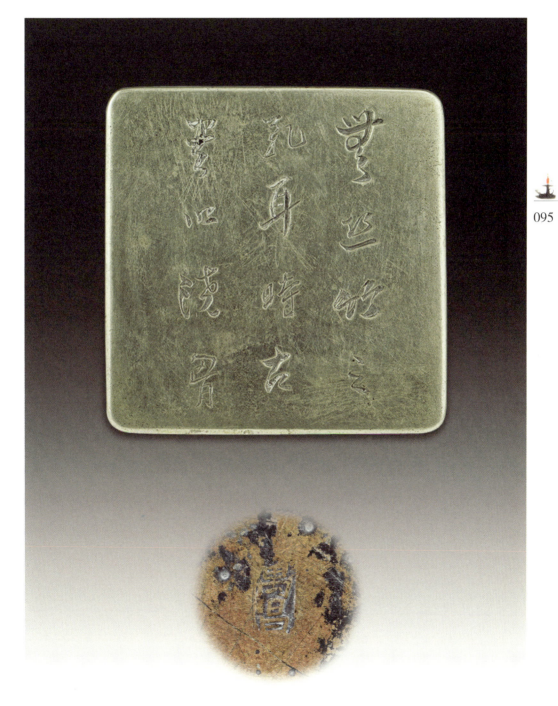

59. "乐山泽"书法墨盒

方形：4.7cm×4.7cm×2.1cm，底铭"山西　同文斋"。制作规整，刻工娴熟，"乐山泽而之野，明经义以著书"，文辞意境亦好。

"同文斋"是山西太原的一家老字号店铺，位于旧城区鼓楼街大剪子巷一带，经营南纸等文房用品，五十年代仍在。

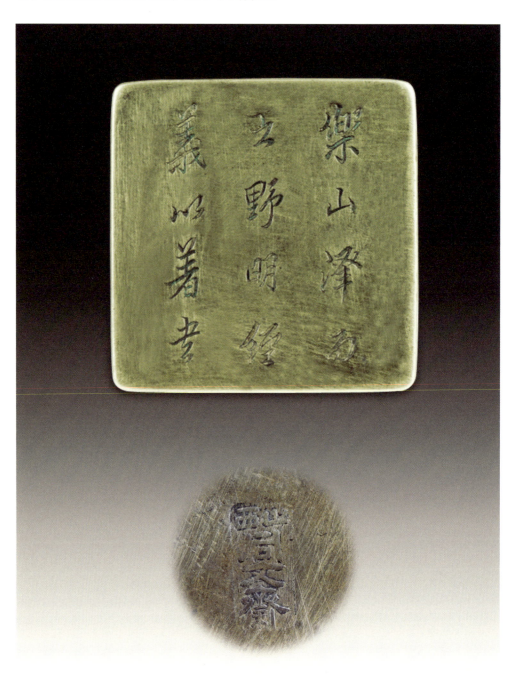

60. "行如铜"书法墨盒

圆形：7cm×3.1cm。盒面所刻为座右铭，教人以方圆为则。"行如铜"，即行为像铜一样（适合锻造）。"守其黑"，即"墨守"之意，典出战国百家之墨子，言其善守与守成。"勿峭励自矜"，即不要固执己见、自以为是。"勿模棱乱德"即不要模棱两可，不讲道德规范。总的意思是教人识进退，知行止，既要能方，也要能圆，这是做人的根本所在。

61. "员为智兮"书法墨盒

圆角方形：7.2cm×7.2cm×3.6cm。内置天青色琉璃内胆，盒面似曾镀金，虽有蚀痕，仍显亮丽。诗文是赞美墨盒的，"员为智兮黑是守，受之以坚是性久。庶几入世无予咎，此乃文房之良友"。其首字"员"，是"圆"字的别写。大意是："圆"用来表示智慧，"黑"用来表示规矩（借用"知白守黑"的古训），能有这样一个坚实耐用的墨盒，希望借助它帮自己顺利走向社会，不要出现一些不必要的过失（此句是从"天予弗取，反受其咎"转换来的），亦即既然得到了（墨盒）这样的赏赐，就要好好使用，否则还会受到连累，这才真正是自己书房的好朋友啊。据诗意，此墨盒或为初出茅庐的士子所用。

此盒做工考究，字体舒展流畅，尚可一赏。

62. "闲庭清昼"书法墨盒

圆角方形：6.5cm×6.5cm×3.5cm，铜质精良，刻工朴拙。其诗为："闲庭清昼日如年，别有人间小洞天。茗捥香烟从众好，酒樽诗卷继前贤。"其中"茗捥"一词，原以为系"茗碗"之误，后偶然见到戴熙《常林茅亭》画作，其题诗首句即"门外泥深客不来，炉香茗椀兴悠哉"。观此始知此二字可以通用。而"茗椀"即茶碗、茶具，既可吃茶，又可作摆设。如《红楼梦》第三回写林黛玉初到二舅母房中时，看到"地下面……有一对高几，几上茗碗（此书为上世纪六十年代版本，用"碗"字——笔者注）瓶花具备"。

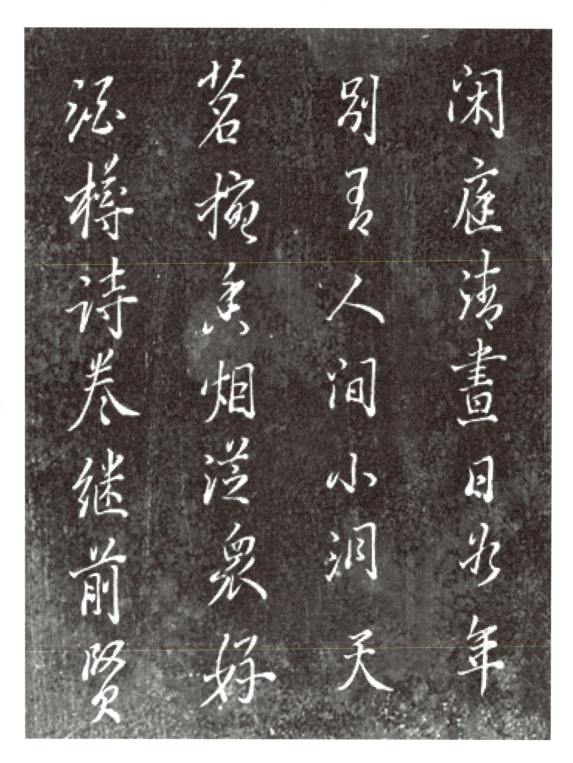

闲庭清昼日永年
别君人间小洞天
茗椀余烟滋众好
泛槎诗卷继前贤

　　由上可见茗碗与瓶花、香炉一样，是富贵人家通常的摆设。后又见钱锺书先生的诗句："泼眼秋光惬一寻，闲持茗碗（这里也用"碗"字——笔者）对疏林。几人真有登高兴，半日聊偿避世心"。可知直到近现代，在书面语中仍有这样的称谓。

63. "如日之升" 书法墨盒

圆形: 7.5cm×2.5cm。盒面所刻，为中国传统中"三多、九如"之祝颂辞。所谓三多，即"多福、多寿、多子孙"；九如，据《诗经·小雅·天保》篇载，即："如山、如阜、如岗、如陵、如川、如月、如日、如南山、如松柏。"此盒所刻，多了"如墨之香"与"如水之清"，看来在流传中时有取舍。

64. "是有真宰" 书法墨盒

圆形：5.8cm×2.5cm。铜质细腻，制作规整，刻工精到。盒面双勾诗文四句，其中二、三两句磨蚀严重，仅存四字。经查对，以上四句，语出晚唐诗人司空图之《二十四诗品》，分别选自"洗练"、"含蓄"、"劲健"三品。并查知被磨蚀的二、三两句分别为"如铅出银"和"喻彼行健"。这样，盒面原刻应为"是有真宰，如铅出银。喻彼行健，绝爱细磷"。其中首句原为"是有真宰，与之沉浮"，讲的是含蓄。二与四句原文中相连，是"犹矿出金，如铅出银。超心冶炼，绝爱细磷"，讲的是洗练。第三句原为"喻彼行健，是为存雄"，讲的是劲健。其中"存雄"一词，源出《庄子·天下》篇，其曰："天地其壮乎！施存雄而无术"，是说惠施欲以一己之力存天地之雄壮，却没有这个本事。本文则是说劲健的力量源于自然，人只能以虚静之心胸容纳天地之真气，才可能为劲健奠定基础，也才可能存雄。由上可见，此盒虽小，所刻文词却极雅且壮阔。

65. "娟娟群松" 书法墨盒

长方形：7.2cm×5cm×2.3cm。盒面所刻，语出司空图《二十四诗品》之《清奇》一品："娟娟群松，下有漪流。晴雪满汀，隔溪渔舟。可人如玉，步屧寻幽。"大意是：群松秀美多姿，下有流水潺潺；天气晴朗，雪满河岸，对面有渔舟驶来；冰肌玉洁的如意之人，迈着轻盈的步子在寻找幽胜的景致。凡此种种，都是"清奇"的品貌。此盒刻工流畅，字体潇洒，具一定功力。

66. "诗家清景" 书法墨盒

　　方形：7.6cm×7.6cm×3cm。底铭"三友"，周边开窗刻梅、菊、荷莲花卉纹，内刻七言诗一首，系集改唐人诗句而成。行楷体，刻工规整。

67."钓得溪鱼"书法墨盒

方形：5.8cm×5.8cm×3cm。铜底加厚，铜质细润，上刻七言诗一首。全诗为："钓得溪鱼不换钱（钞？），上滩沽酒下滩眠。醉时睡着无人唤，觉后清歌唱晓天。"刻工率意，句式直白，但俏皮生动，亦有情趣。

68. "一样楼台月"书法墨盒

长方形：7.2cm×5cm×2.2cm，包浆古旧，字体工整流畅。所刻古诗未见出处。

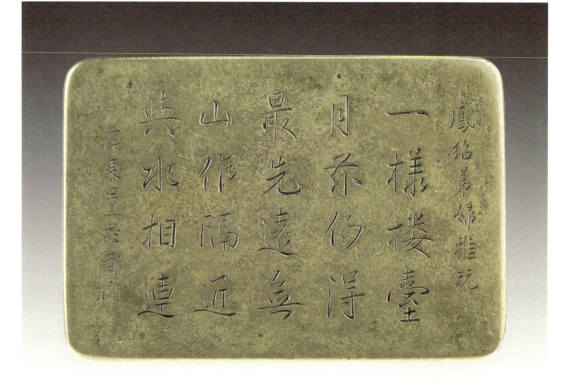

69. "不知自来" 腐蚀版书法墨

方形：9.3cm×9.3cm×2.6cm，铜质精良，制作精雅。盒面用凸腐蚀法印制出古文诗句："不知自来，莫测所往。变化无端，作非非想。雏凤翱翔，神龙游荡。风起青萍，露凝仙掌。肌骨久更，金丹竞爽。造化可通，难摹厥象。"计十二句，语出清人杨景曾《二十四书品》之《神韵》一品。该品力图表述神韵的具体形象，最后又概括指出神韵的物象并不具体存在，只可意会，不能摹写。全盒字体潇洒而又端庄秀丽。

杨景曾，字荫堂，名林，自号竹栗园丁。清嘉庆十七年（1812）拔贡，好古博雅，喜摹名刻，参仿唐司空图之《二十四诗品》，自著《二十四书品》，以状书法名刻之风貌。

厥象：其象、它的象貌之意。

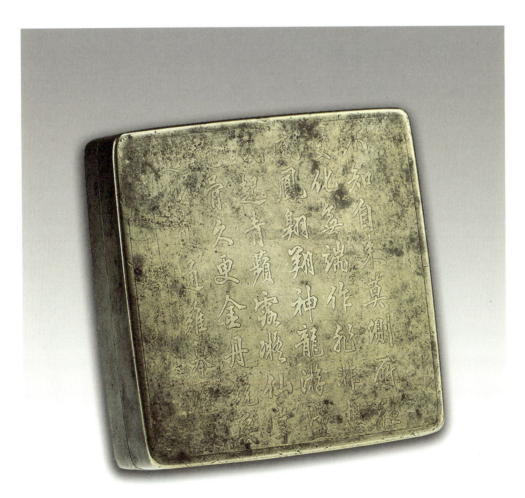

70. 腐蚀版开窗竹叶纹书法墨盒

　　方形：6.5cm×6.5cm×2.5cm。盒面施两种工艺，用凸腐蚀法印制竹纹，婆娑有致；中部开圆窗，内刻"带雨有时种竹，闭门无事锄花"，行楷体，节自明末文学家、书画家陈继儒之《小窗幽记》。字体工整流畅，布局疏朗文雅。

第三章　山水花鸟刻铜

71. 松溪放棹图墨盒

　　方形：11cm×11cm×3.4cm。器型硕大，铜质精良，刻工精到。画面满刻山水，构图严谨，气势恢弘。远山近水，清溪古木，峰峦叠嶂，楼台掩映，于清静幽深中尽显奔放与雄浑。特别是近岸水边，一山林隐士放舟将行，水波乍起，身形半露，愈显得意境深邃。

72."瀚如自制"款渔乐图墨盒

圆角方形：11.3cm×11.3cm×3.7cm。器型硕大厚重，铜质精良，包浆靓丽，署名"翰如自制"。盒面满刻山水楼台，刻工虽显稚拙，却也颇具情趣。当空一轮红日，山顶林木葱笼，半山间矗起一座古塔，直插霄汉。旁有雁阵穿行，下有旗幡、古木、楼台、巨岩，气势不凡。近岸溪边，一钓者头戴斗笠，手把长杆，神情专注，眼见得一尾鲜鲤甩起，其乐融融也哉！

73. 茅屋雁归图墨盒

方形：9.2cm×9.2cm×3.2cm，底铭"工 一得阁"。铜质精良，制作规整，刻工细腻。在有清一代，自康熙起即崇尚四王（王时敏、王鉴、王翚、王原祁）山水，遂成风气，延续二百余年。即使瓷杂之类，凡有山水画作，多见四王身影。据称四王画作崇尚禅意，追求空灵与宁静，离世脱俗。此盒所刻，群山空阔，林木扶疏，下有屋舍掩映，上有雁阵穿行，其清静淡远之态毕现，虽属小品，亦不离其意。

一得阁，始建于清同治四年。时由安徽进京赶考却名落孙山的学子谢崧岱发明墨汁，并在北京琉璃厂设店经营，店铺即名"一得阁"，并由谢崧岱亲书匾额。一得阁自诞生至今，虽历百余年，仍名重于世。这也是落第文士特别而久远的贡献吧。

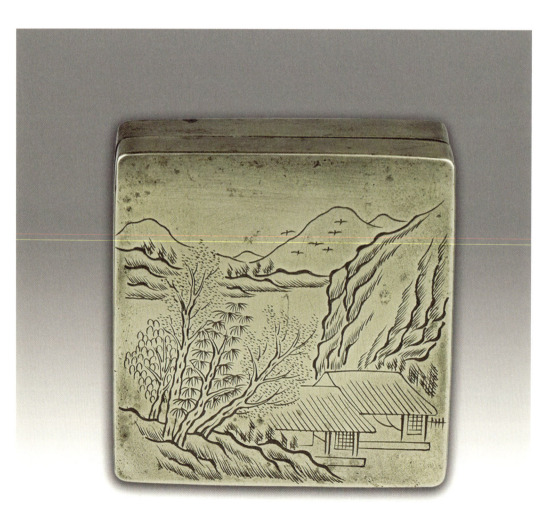

第三章 山水花鸟刻铜

74. 渔舟唱晚图墨盒

椭圆形：8.6cm×6.5cm×2.4cm，底铭"清秘"。铜质细腻，刻工洒脱，画面宁静悠远。在开阔的水面上，一只渔舟荡漾归来。所刻线条看似随意，却别有一番情趣。

清秘，全称"清秘阁"，是北京琉璃厂一家老字号店铺。而"清秘阁"之名，则已有六百余年历史，且此名始于"元季四大家"之一的倪瓒。倪生性孤傲，淡泊名利，蔑视元代之高官厚禄，隐居山林，纵情山水，专心书画与唱和，并将自己与友人的诗画作品一并置于书阁之中，自名为"清秘阁"。清，纯也；秘，稀也。此后，世有"清秘阁"流传。

至清代乾隆年间，相传乾隆皇帝的奶娘周嬷嬷求乾隆帝赐其子一份差事，然其子无文不武。正当乾隆帝为难之际，大学士纪晓岚提议赐其经商。乾隆帝有感于倪瓒"清秘阁"之旧事，遂赐店名以"清秘阁"。店址设于西琉璃厂，店名匾额由蒙古旗书法家阿克敦题写。

清朝年间，"清"字不能随便使用，故"清秘阁"备受尊宠，文官遇之下轿，武官遇之下马，一时繁盛之极。当然，这些都是传闻轶事。实际上，"清秘阁"为清乾隆年间编纂《四库全书》所设，专营文房四宝，迄至民国仍很兴盛，解放后也一直存在并经营。现已被国家旅游局命名为定点销售单位，主营金石书画、珠宝玉器等物。

75. 松荫茅亭图墨盒

　　圆形：8.5cm×2.5cm，画面远山隐约，近壁深潭，参差起伏，苍莽静寂。在松荫遮蔽下，有茅亭独处，愈显得幽静深邃，令人遐想。

76. 灞桥送别图墨盒

　　方形：10.8cm×10.8cm×3.5cm。底铭"宝源"。铜质细腻，刀工精湛，上刻峰峦、林木、茅屋、雁阵、溪涧、行舟以及石桥、高士等，景物繁多，视角开阔悠远。尤其水面行舟和桥上高士，寥寥数笔，情态毕现，动静相宜。可见刻者绝非等闲之辈。

　　宝源，即"宝源局"，详见前述。

77. 秋日归舟图墨盒

长方形：12.5cm×9.3cm×3.5cm。铜质厚重，包浆浑朴，刻工精细。画面山峦层叠，群峰壁立，跌宕起伏。在群山环抱中，现一潭静水，远有平桥相接，近有茅屋高树及丛丛芦苇，水面有渔舟归来，情趣盎然。整体画面景物繁多，但布局疏朗，层次清晰，望之心胸宽畅，堪称山水刻铜之佳作。

78. 携筇访友图墨盒

方形：9.2cm×9.2cm×3.2cm。铜质精良，制作规整。在峭崖深谷中，山路崎岖，崖边置茅屋数间，仅一老者，拱背拄杖，踽踽而行，意境深邃。

落款"礎卿同志惠存　刘迪卿赠"，时间署"十九年一月"，亦即1920年1月。由此或可猜想，在赠者与受赠者中，或有民国早期人士。当如是，则此二人不知后事如何？

第三章　山水花鸟刻铜

79. 秋江独钓图墨盒

圆形：9.5cm×3.2cm。画面山高水阔，老树婆娑，茅亭半隐，芦苇丛深。近岸刻一老者，头戴斗笠，身披蓑衣，独钓秋江。刀工洒脱，画面奇崛，尽显清高绝俗之态。款字显示此盒为"冲霄"、"超尘"，于二十四年（1935）六月赠予法大毕业生"趾灵兄"的，不知以此盒赠予即将入世者，意有何属，亦不知此兄毕业之后，是否有所作为？

法大：经查为民国时期上海法政学院，系由国民党元老徐谦奉孙中山之命，创立于1924年，历任校长为郑毓秀、章士钊等人。我国著名法学家史良即为该校首届毕业生。解放后于1952年并入复旦大学和华东政法学院。

80. 渔乐图墨盒

方形：7cm×7cm×2.5cm。铜质细腻，刻工洗练，线条疏朗。其中尤以肩竿过桥老者，弯腰注目桥头，步履踯躅，若有所思。用笔不多，却极为传神。

81. 携琴访友图墨盒

方形：7.1cm×7.1cm×3cm。绝崖溪水间，茅亭独处，飞雁穿空，半山屋宇隐现，道路崎岖。一高士抱琴独行，想是前去访友，清静幽远之趣尽现。

82. 茅亭古木图墨盒两只

方形：一只 7.2cm×7.2cm×3cm，另一 7.1cm×7.1cm×3cm。两盒铜质精良，包浆温润，制作规整。所刻山水、古木，刻工精细，画面沉静，意境深远。

83. 溪涧帆行图墨盒

方形：7.1cm×7.1cm×3cm。铜质精良，刻工老到。层峦叠嶂中，屋宇隐约，飞雁穿空。下有深溪，波光粼粼，双帆远去，近岸危崖下又有船工摆渡。整个画面在幽深寂静中透露出浓浓的生活气息，饶有情趣。

84. 高士行吟图墨盒

圆形：6cm×2.5cm，底铭"□盛"。盒面不大，但构图饱满，山水苍莽壮阔。岸边古木萧疏间，有一高士行吟，水面鱼舟唱晚，遥相呼应，颇具世外桃源景象。此盒小器大样，可资赏鉴。

85. 轻棹远行图墨盒

圆形：5.5cm×2cm。线条纤细，笔势清爽。画面空间有限，但山势连绵不绝，近有古木茅亭，悠远处轻舟渺渺，似欲远行。全盒布局紧凑，主次分明，颇可把玩。

86. 挂杖行旅图墨盒

　　方形：9.8cm×9.8cm×3.3cm，署款"庚申仲夏孔阳自制"。线条绵密，构图繁复，却不显臃肿。

庚申仲夏孔阳自制

87. 盛荫图墨盒

椭圆形：6.5cm×4.8cm×2.8cm。铜质银白，线条细软绵密，构图饱满繁复却十分耐看，风格别具。

88. 空山疏木图墨盒

圆角方形：6.5cm×6.5cm×3.4cm，底铭"万聚合"。在晚清民国刻铜实践中，曾出现并日渐形成一种特殊的风格，即后来所称之浅刻或称细线刻。本人在某拍卖会图录中曾见一墨盒，浅刻山水，署款韩子固。整个画面线条纤细，清新疏朗，可称此类刻品的代表作。可惜这种风格出现时，恰值西方自来水笔强势袭来，国内墨盒类用品大势已去，失去了形成一派并进一步发展的机会。是故此类刻品、尤其是个中佳品，极具收藏价值。

89. 临江杖行图墨盒

方形：5.9cm×5.9cm×3cm，浅刻风格。线条洗练，构图清雅，铜质精良，或可一赏。

90. 深山隐居图墨盒

方形：7.1cm × 7.1cm × 3.5cm，底铭："余文"。铜质精良，包浆靓丽，刻工精细，应属浅刻。

余文，本人在网上曾见有清代"余文堂"款《医方捷径指南全书》（上下卷）刻本出售。由此可知，"余文堂"应是一家出版机构。清末民国时，出版机构时或兼营刻铜文房类用品，此盒是否为"余文堂"所制，有待确证。

91. 江村乐居图大墨盒

　　圆形：11cm × 4.8cm。铜质细腻，包浆莹润，画面亦为浅刻风格。远处山峦起伏，近处或为渔家，树影婆娑，屋宇隐约，人相往来，一派水村山郭生活景象。全盒线条纤细，构图清雅，意境高古，当属浅刻佳作。

第三章　山水花鸟刻铜

92. 京城风景腐蚀版墨盒三只

　　方形：一只 7cm×7cm×2.4cm，画面为"北海小白塔"，腐蚀精致，层次清晰；一只 6.3cm×6.3cm×2.1cm，画面为"万寿山知春亭"，铜质细腻，手感沉重，图案亦很精细；另一只 7.6cm×7.6cm×2.8cm，底铭"文宝"，盒面为北京颐和园"万寿山十七孔桥"图案，画面开阔空灵，似曾镀银，虽年

久磨蚀，纹理仍然清晰。此类图案的墨盒产自清末及民国初期，多为成套设计的北京风景名胜，颇受时人喜爱。据说共有十景，若能收集齐全，当属一乐事。

万寿山十七孔桥

93. 松鹤旭日图墨盒

长方形：11.8cm×7.8cm×3.5cm。铜质精良，刻工精细，整个画面清新而富有朝气。画面左上一轮红日，绕以祥云，寓意鸿运当头。主体为松鹤，苍松主干遒劲，松片如鳞，曲屈盘旋而上。顶部则枝叶青翠，生机盎然。两只丹顶鹤挺立树干，迎着朝阳鸣唱，一旁的灵芝亦不甘寂寞，雀跃以应。此盒当为祝寿而制。目睹此盒此景，确属一件快事。

民國十二年舊曆四月
旅行燕京紀念．士如

94. 鶴壽延年圖墨盒

長方形：8.4cm×5.2cm×2.5cm，
底銘"大德"。銅質精良，刀工細膩，
寓意吉祥。大德，即"大德閣"，詳
見前述。

民國十二年舊曆四月

旅行燕京紀念　士如

95. 竹石图墨盒

圆形：7.8cm×2.6cm。铜质精良，刀工爽利。所刻疏竹、欹石，表示高风亮节，傲骨临风。此盒使人想起清朝著名画家郑板桥，老先生最喜竹、石，且有诗曰："一竹一兰一石，有节有骨有香。任他逆风严寒，自有春天消息。"此盒所刻，当能传达此意。

第三章 山水花鸟刻铜

96. 松梅图墨盒

椭圆形：8.8cm×4.5cm×2cm。铜质精良，包浆润泽，刻工洗练，寥寥数笔，即将松枝的挺秀和梅花的俏丽表现得淋漓尽致。

在中国传统文化中，松和梅均风骨非凡，亦使此盒极具品味。

97. 菊石图墨盒

方形：6cm×6cm×2.2cm。盒体不大，制作却十分工整，刻工、布局亦恰到好处。歆石刀风遒劲，菊花则精雕细琢，上书"祚川姻弟宝用，方补赠自都门"。整个画面清新典雅，诗意盎然。

98. 菊兰博古图墨盒

方形：8cm×8cm×2.6cm，底铭"天宝"。铜质精良，制作规整，刻工精细。"梅、兰、竹、菊"被中国文人称为"花中四君子"，属文人雅好，时常布设于书房或庭院，以供赏玩或寄托情怀。此盒所刻，除菊兰、瓶炉外尚置书一函，更显文雅庄重。菊与兰皆为盛开状，其中菊叶打窪，轮廓凹凸有致；花朵则用细阴线雕镂，相映成趣。兰花用笔率意，叶片一挥而就，舒展洒脱。瓶炉专以仿古青铜形制，方正沉稳，高低错落，动静相宜。可见刻者功力非同一般。

第三章　山水花鸟刻铜

99. 岁朝清供图墨盒

　　长方形：13.4cm × 5cm × 2.7cm。器型硕长，制作规整。盒面主体为一瓶一炉，瓶内腊梅枝干峭曲，花朵怒放，彰显盎然之意。炉内点香，旁置古琴、仙桃。右置书函，书后一盉，内置灵芝。落款为："绍勋甥存　功诚勤朴　舅氏赵文彬赠。"刻工娴熟，寓意吉祥。

100. 清供雅趣图墨盒

方形：7.8cm×7.8cm×2.8cm。周边开窗饰梅花，内刻瓶炉博古，有菊有竹有兰，可谓梅兰竹菊齐备。此外，还有"三公"茗壶一具，旁置荸荠一枚，取谐音"必喜"之意。此盒亦属传统题材，包浆厚朴，磨蚀自然，应为百年老物。

101. 梅竹绶带图墨盒

方形：7cm×7cm×3.1cm。底铭"松鹤"。铜质精良，制作规整，全盒以细阴线刻划为主，笔势细密流畅，绶带鸟轻灵飘逸，辅以竹枝几笔，彰显清丽淡雅之本貌。

在中国绘画与民俗传统中，绶带鸟与"寿"字谐音，用以示寿；梅花，与"眉、美"谐音，有"齐眉"与"和美"之意。此图或取意于《后汉书·梁鸿传》之"举案齐眉"的典故，表示夫妻相敬相爱、白头偕老。

102. 一品绶带图墨盒

  长方形：9.2cm×6.2cm×4.2cm，铜质精良，线条纤细，画面清新，寓意吉祥。牡丹在中华文化中表示富贵，绶带鸟表示长寿。二者合一为一品绶带、即福贵绵长之意。

156

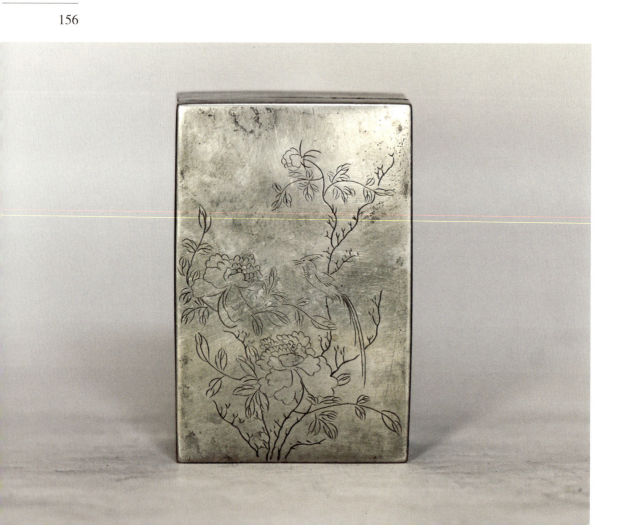

第四章　异型小形刻铜

103. 三层书法墨盒

三层：9.5cm×6.2cm×5.8cm。铜质精良，包浆厚朴，制作规整，刻工精到。盒面所刻文字，对墨盒极尽赞誉，说它是"青磨碧海铜"，说它是"黄金印在手"，且要"封尔即墨侯，子孙世相守"。观此盒刻字功力，颇似寅生；即或不是，亦绝非常人所刻。盒上款识之"子驿"与"宝斋陈善"，亦应有些来历，惜未查实。

张颠，系对唐代大书法家张旭的戏称。张创狂草书体，有"草圣"之称，与同朝大书法家怀素并称为"颠张醉素"。

君谟，宋代大书法家蔡襄之字，与同朝书法家苏轼、黄庭坚、米芾等四人并称"苏、黄、米、蔡"，为宋代书法四大名家。

濡其首，指以头沾墨，以发书写；"吮于口"，指以嘴吸墨，均为书法界传闻轶事。

即墨侯，这里指墨盒。古代用以喻砚，晚清、民国时则用以称呼墨盒。

黄金印，是对墨盒的赞誉之词。

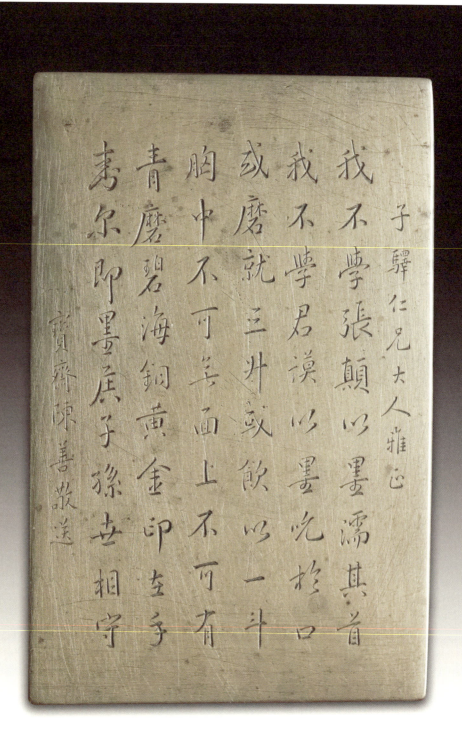

子驿仁兄大人雅正

我不学张颠以墨濡其首

我不学君谟以墨吃于口

或磨就三升或饮以一斗

胸中不可无面上不可有

青磨碧海铜黄金印左子

卖尔即墨底子孙世相守

宝斋陈善敬送

青磨碧海铜，应是"碧海磨青铜"的同语变式，或称倒文。宋代大学者、诗人苏轼有句曰："斜阳万里孤鸟没，但见碧海磨青铜"（《登州海市》诗）。

又宋代诗人郭祥正亦有句曰："寒蟾八月荡瑶海，秋光上下磨青铜"（《金山行》诗）。两位诗人一个说平静浮动的海水像一面青铜镜，另一个说"瑶海"（这里实际不是海而是金山一侧的长江，以及倒影在江中的月影）和"秋光"（指空中的秋月）这两面镜子在一上一下地对磨着。而墨盒上所说的"青磨碧海铜"，是在赞誉墨盒本身像铜镜一样光洁明净。

104. "外二内三"式书法墨盒

三层，外二内三式：9.9cm×6.8cm×5.2cm，铜质精良，厚重压手。盒面似曾镀金，虽年久磨蚀，仍显金铜本色。盒面镌刻 80 余字，行草体，极赞宋本《集圣教序》"仰配兰亭，有目共睹"。全盒精工制作，字体苍劲秀润，功力深湛，虽无款识，亦非凡品。

右军为书冠出军然此六可生宋仰
辇古

聖蘭聖
亭
袭

右軍為書淩今轢古聖教

一出劖跡咸聚仰配蘭亭

有目共觀維此宗本聖及

之冠必光油然生香不教

數于百年神明呵護以不

于余岡帖有塵汙明然此以

黙持此帖授受汙明生顧寸以

厭劫即弖僕身享此此帖永絶靈及

第四章　异型小形刻铜

"圣教一出，剧迹咸集"。其中"圣教"即指《圣教序》，其原本系唐太宗李世民为玄奘法师翻译的佛教经典所写的序，全名《大唐三藏圣教序》。此处指的是宋拓本《集圣教序》，即唐朝和尚怀仁历经20余年，遍搜王羲之书法真迹而拼集刻写的《大唐三藏圣教序》石碑，世称《集王羲之圣教序碑》（现存西安碑林）。此碑虽为怀仁所集，却最终成为一幅完整流畅的绝世书法艺术巨制，唐后屡有所拓，而以宋本为最。所谓"剧迹"，就是重大的事迹、史迹、遗迹的意思，这里是指怀仁所收集的有关王羲之的书法真迹。

　　"仰配兰亭"，其中"仰"字，有向上、敬慕等意思，"配"，即相当、相符，全句是说《集圣教序》可与众人仰慕的《兰亭集序》相媲美。

　　冈有，即没有的意思。

　　寸灵，即"寸心"的意思，或说一点精神，一点效应，一点心愿等。

105. 三层诗文书法墨盒

长方形：8.5cm×6.2cm×5cm，三层，白铜质，沉重压手。观之似未经使用。顶盖内嵌玻璃镜，中部为砚石，刻龙纹，刀工爽利，形态生动。

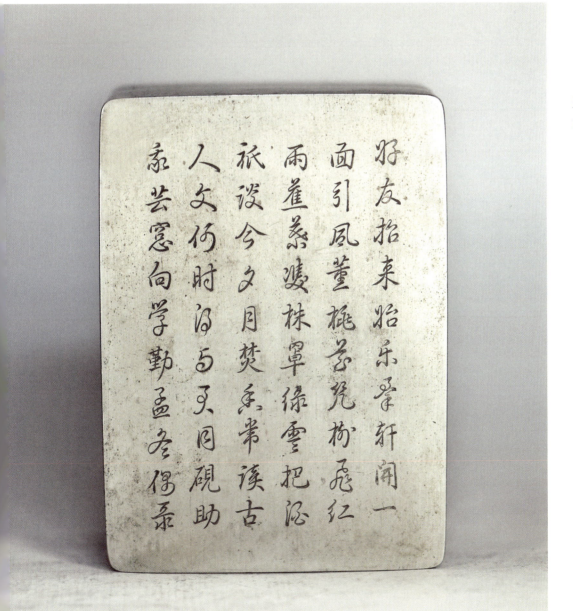

好友招来怡乐群轩开一

面引凤董枫苍砌飞红

两崔蒸婆株罩绿雪把泥

祇没今文月焚禾常读古

人文何时闲与了日观助

象芸窗向学勤孟子偶录

盒面刻《七律》一首，并有"孟冬偶录"字样，刻工娴熟，气韵连贯，诗句对仗亦工。如"桃花凭树飞红雨，蕉叶双株罩绿云"，很有意境。此盒品相完好，颇值一藏。

乐群：热心群体的意思。

夙薰：一向使用的香炉、薰炉，这里指风气。

芸窗：指书斋。

106. 节《兰亭集序》多层书法墨盒

多层，外三内四结构：8cm×5.6cm×4.5cm。白铜质，顶部为盖，下为砚板，刻云龙纹，刀工精致。再下为墨盒与笔扦，最下为印盒，印盒上部有插片为隔，隔内又分为两部分，即印泥盒与印章盒。构思精巧，制作精细，手感极为沉重。盒面所刻，节录自《兰亭集序》，运刀如笔，劲健流畅，应为盒中佳品。

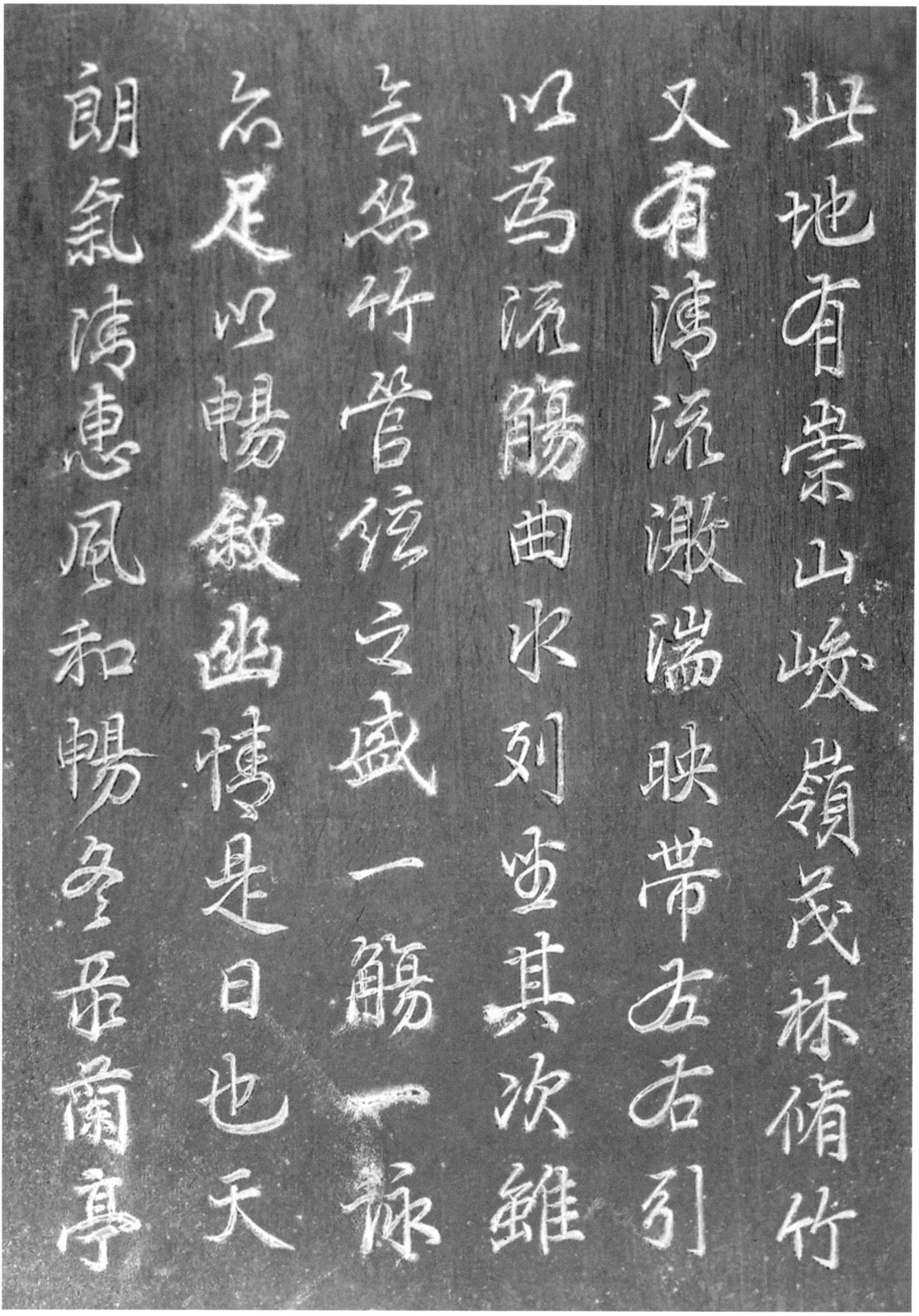

此地有崇山峻嶺茂林脩竹

又有清流激湍映帶左右引

以為流觴曲水列坐其次雖

無絲竹管絃之盛一觴一詠

亦足以暢敘幽情是日也天

朗氣清惠風和暢仰觀宇蘭亭

107. 三层诗文书法墨盒

三层，外二内三式：7.8cm×5.6cm×4.5cm。铜质细腻温润，制作规整，棱角分明。盒面选刻陆机《文赋》之一段，自"笼天地于形内"至"吐滂沛乎寸心"。大意是：把广阔的天地都囊括在作者的胸中，使万物都凝结于笔尖。开始时苦苦思索，口干舌燥，仍吐辞不当，至后来则酣畅的文辞一股脑从笔下流出。

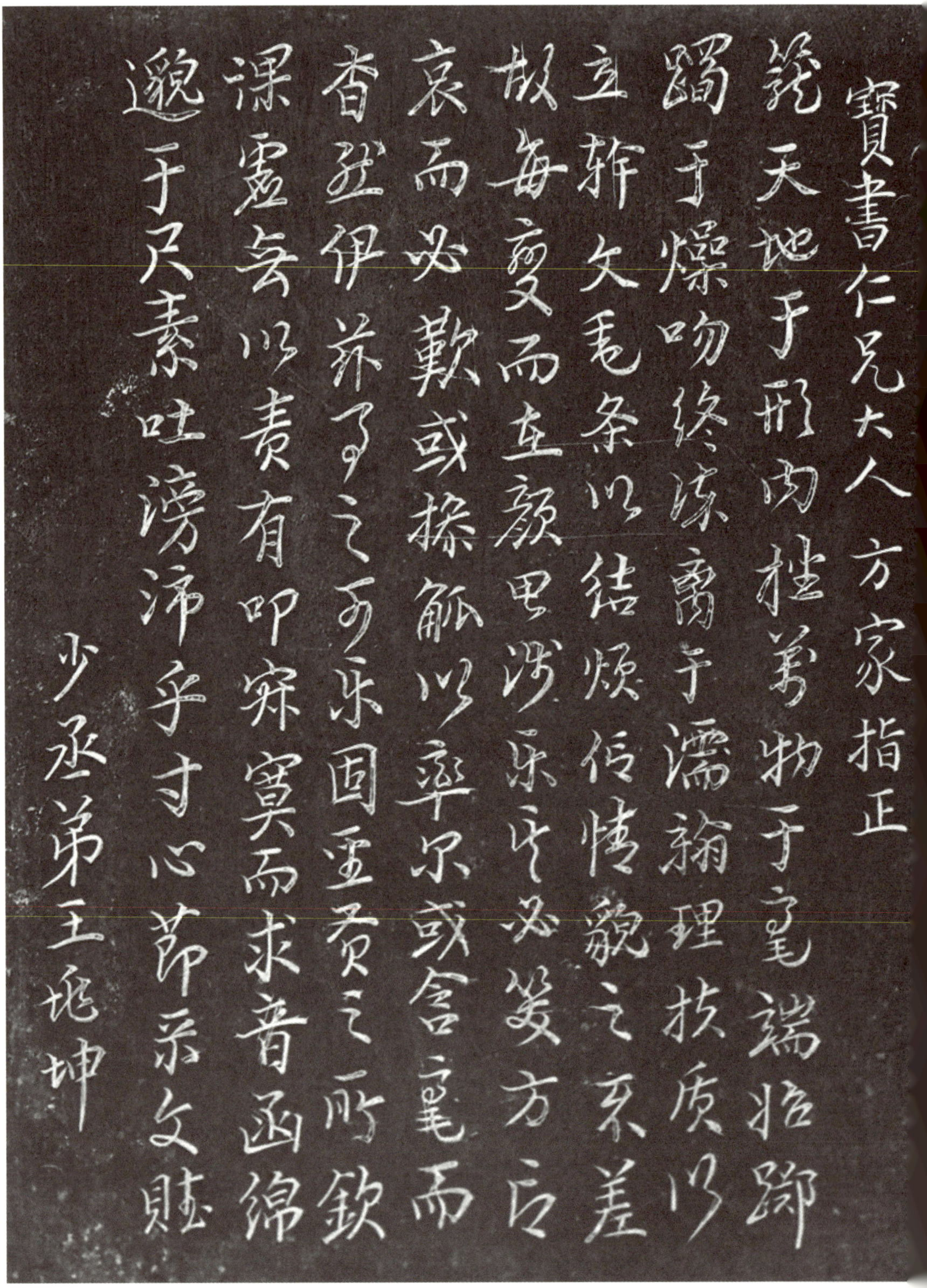

寶書仁兄大人方家指正

鈞天地于形内挫萬物于毫端拈腕

躧于燥吻終涤离于濡翰理放质以

立析矢毛条以结烦传情貌之京差

故每夏而在颜思淡乐于必發方启

哀而必歎或捺觚以举尔或含毫而

杳然伊芥了之可乐固垔贾之所钦

漂灵妄以责有叩寂寞而求音函绵

邈于尺素吐滂沛乎寸心节采文賦

少丞弟王坤坤

写文章首先要明确主旨，即"理"是主干，文辞是枝叶和花果，这样文章才能繁茂而斑斓，真正做到传情达意，把变化多端的情貌全都恰当地表达出来。文思触及乐事，就必然带来快乐；碰到哀伤，也会发出一声长叹。有时很随意地就能进入写作，有时拿起笔来又感到茫然。写作是一件快乐的事，故往圣先贤们都很钦慕。将虚无赋予有形，使无声变作有声，把久远渺茫的事务书写在尺幅之上，让充沛的情思倾吐自内心。

　　全刻近乎微雕，刀工精湛，字体欹峭顿挫，"势如斜而反正"，婉转有致，一气呵成。睹之具大家风范，当属一刻铜妙品。

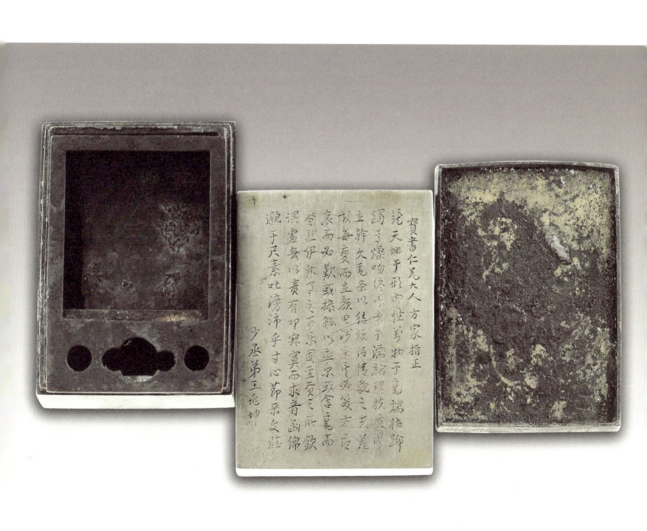

108. 茫父款印章纹细长盒

细长方形：14.2cm × 3.1cm × 2.6cm。上刻四枚篆印，一阳三阴，以阳刻最为歈峭扑拙。印旁均有楷体释文，刻工老到，盒体别致，包浆古旧，既实用又宜于把玩。

荣名，即美名、令名之意。《战国策·齐策四》有曰："效小节者不能行大威，恶小耻者不能立荣名"。至民国时，"荣名"一词仍被沿用。如鲁迅先生《华盖集》续编《无花的蔷薇》有曰："我愿奉还'曾经研究过的他国文学的荣名'。"可资此证。（马剑东先生考释）

109. 圆蚀形兰石图墨盒

　　圆蚀形：13cm×3.5cm，底铭"荣宝"。圆形去其一牙，睹之如日月之蚀，器型独特，铜质厚重。所刻兰石刀工深峻，笔法畅达。巨石塄蹭劲峭，兰草则舒展飘逸。款字"一香已至压千红"，看似信手拈来，实则颇具功力。此种器型极少见，甚具收藏价值。

一香已室
歷年紀
戊子三月

110. 双色双镶古币墨盒

椭圆形：6.5cm×4.6cm×2.8cm，底铭不清。白铜质，盒面镶双币，显黄、红两色，图案少见。其中嘉庆通宝，系清代嘉庆帝发行的钱币。咸平元宝为宋币。咸平为宋真宗年号，其在位25年，初年治理有方，经济繁荣，国家强盛，史称"咸平之治"。

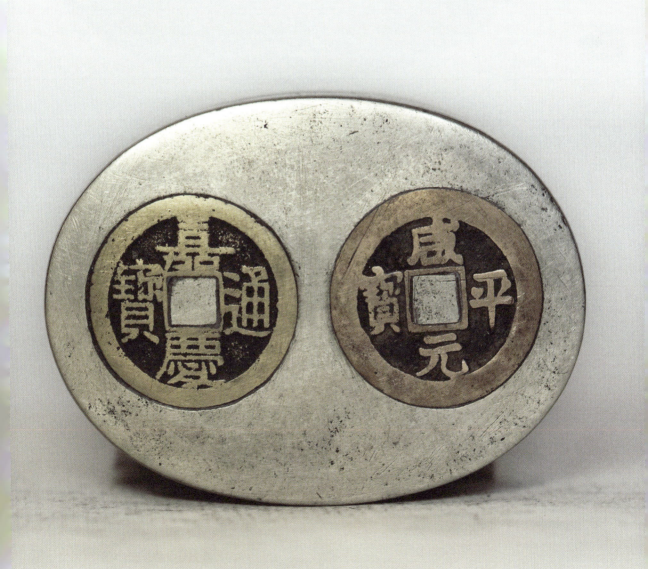

111. 三色双镶布货纹墨盒

　　长方形：8cm × 5.2cm × 3.2cm，底铭"晋文"。铜质细腻，刻工老到，镶嵌技艺亦十分精细。镶古币两枚，一为"燕三刀"，显金、红两色，下注"宝曰货式"字样。另一为"平阳"币，显红色，其上横书"木作尊"，右上为双勾青铜文"永昌元年二月四日小将申雨造"，字体规整。此盒双镶三色，十分稀少。

112. 双色浮嵌小墨盒

椭圆形：4.2cm×3cm×2cm。上嵌猴子啃桃，显金色，下嵌荷莲，显银色，盒面为黄铜本色，嵌工精巧，色泽分明，刀工亦简洁有致。

113. 扇形墨盒两只

其一为 9cm×3.5cm×3.2cm，上刻欹石牡丹并书"花之富贵者也"，属浅刻风格。刻工老到，富贵典雅。

180

其二为 12cm×3.7cm×2.5cm，刻山水林木，刀工简捷，布局舒展，底铭
"北京　万顺公"。此类器型较少。

114. 桃形花鸟墨盒

桃形：圆径 6.1cm，高 2.2cm。底铭"同懋祥　工"。白铜质，上刻"喜鹊登梅"图。刻工细腻，包浆浑朴，寓意吉祥。经查"同懋祥"为民国时期一家有名的南纸文具店，位于北京西四牌楼一百五十号，与"同懋增"南纸店为同一东家，专供历史博物馆纸张等类办公用品。据《中华读书报》《故宫明清文件档案流失见闻》载：民国十一二年间，正是北洋军阀曹锟贿选时期，国库空

虚，各机关积欠员工薪资较多。当时教育部所属历史博物馆为偿付欠资，经呈请教育部批准，将存放在故宫内明、清两朝历时几百年的国家文件档案大部卖出，其中有的化作纸浆，有的还由汉奸转手卖给了日本，造成不可估量的损失。在售卖中，上述两家南纸店均参与投标，其中一部分为"同懋增"店以银元4050元中标，使这部分档案被保存下来。

115. 马眼形诗文墨盒

形如马眼：长宽高各为 10.8cm×4.6cm×2.8cm。白铜，上刻唐代著名诗人王之涣《登鹳雀楼》五言古诗一首。其"欲穷千里目，更上一层楼"已成家喻户晓的千古名句。

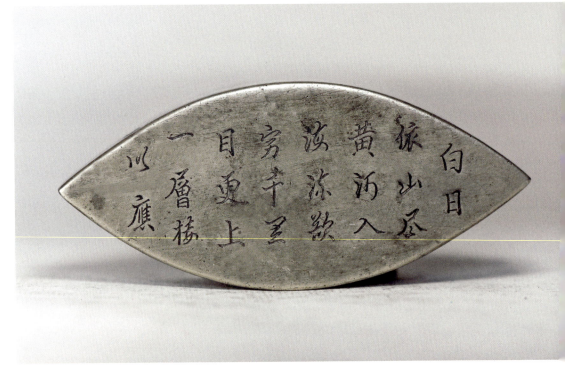

184

116. 菱形乘舟图墨盒

菱形：9.8cm×7.6cm×2.5cm，白铜质，包浆温润，盒面刻高岩深溪之间，一高士乘舟将行。刀工简洁流畅，人物情态生动。此形状极少见。

117. 树叶形墨盒

树叶形：13cm×5cm×2.2cm。红铜质，刻万字错金，包浆古旧，器型独特。

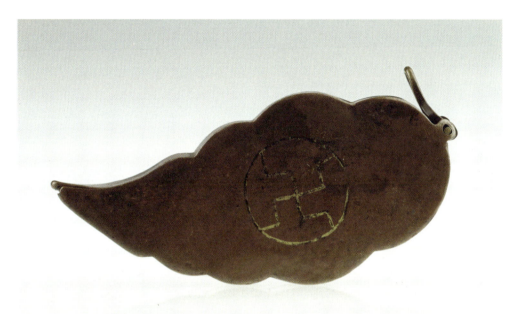

118. 玉璋型书法墨盒

上凸下凹，呈玉璋形：8cm×6.6cm×2cm。字体为凸版腐蚀工艺，周边起线，偏右部以细阳线分隔。右书"涉津洙泗"四字，隶体；左半部书"龙门子语"数句，行书体，端庄秀丽，潇洒流畅。此盒制作十分精细、典雅，为腐蚀版之佳品。

涉津洙泗："涉津"，指渡口，这里比喻作学问的门径。晋郭璞《尔雅·序》曰："夫《尔雅》者……诚九流之津涉，六艺之钤键"，即此。"洙泗"，是山东南部两条古老的河流，因春秋时期孔子常聚徒讲学于此，其后"洙泗"一词即被借用，成为儒家学派和儒家文化的代表。文中"春陵"、"关洛"、"武夷"三词，是理解本段文字的关键。经求教太原市社科院学者马剑东先生，解释如下：

"春陵"，指战国时期的春申君和信陵君，二人分属楚国和魏国，都是该国有名的政治家和军事家，与同时代赵国平原君、齐国孟尝君并称为"战国四公子"，亦称"四君子"。"关洛"，指关中的张载和洛阳的"二程"（程颐、程颢），是历史上有名的儒家学人。"武夷"，指武夷学派创始人胡安国，胡是"二程"的私淑弟子。以上分别代表三个学派，他们的人品学问都是"涉津洙泗"、或说进入儒学之门的宗师。

龙门子，即明代学者宋濂，他曾入小龙门山（都江堰）拟道家言。盒面所刻，语出宋濂《龙门子凝道记》。

119. 椭圆双切形墨盒

椭圆形双切：8cm×7.3cm×2.4cm。盒面以凸腐蚀法印制瓶炉博古，周边起线。右上方以细阴线作圆形圈隔，内刻"山西农业专门学校奖品"字样。刻工规整，器型少见。

120. 蛋圆形山水小墨盒

椭圆形：7.5cm×3.3cm×2.3cm，铜质细腻，刻工简捷、洒脱，用刀数笔，即山水、楼台、草木、人物俱备，意境幽闲。

121. 钟鼎文小墨盒

圆形：3.3cm×2cm。器型虽小，但制作一丝不苟，适于把玩。文字照原盒排列如下：

汤金　　壬木

文洗　　癸父

大宜　　册

吉子　　式文伯

122. 山水人物小墨盒

圆形：1.7cm×1.7cm，白铜为盖，红铜为体，以径不足半寸之地，刻出山水、人物、飞雁一组，情态生动，别出心裁。器型极少见。

123. 隶书深刻小墨盒

长方形：4.8 cm × 3.8 cm × 2.5cm，隶书体，深刻"难得糊涂"四字，刀工犀利，布局饱满，几同印章，十分少见。

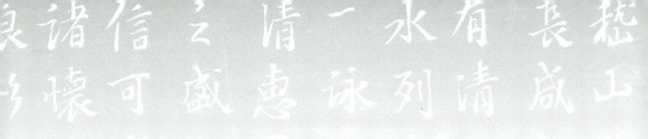

124. "寅生刻"款书法小印盒两枚

其一 4.9cm×3.5cm×2cm，白铜质，刻"人淡如菊"诗文四句；另一为 4.1cm×2.6cm×1.7cm，黄铜质，刻"纸窗竹屋"诗文四句。两盒制作工整，刻工娴熟，应为老仿。

125. 书法小墨盒两只

　　其一长方形：3.5cm×2.7cm×2.3cm，盒面所刻为行书体，前两句讲规矩方圆之理，后两句讲中国书法技法，即用笔着墨的魄力、气韵和风采。

其二为方形：3.5cm×3.5cm×2.3cm。所刻诗句，通过赞誉墨盒，阐述了宇宙天地间普遍存在的方与圆、进与退、无与有、存与化之间的辩证关系，也是人们立身处世的宗旨。两盒虽小，但刀工皆刚劲纯熟。

浑沦，同"浑沌"，道家语，指"太初"、或说宇宙形成前的朦胧状态。

126. 浅刻花草小墨盒

圆形：3.5cm×2.7cm，所刻似为兰草，用笔极简，风格别具。

127. 长柄墨斗两支

一为红铜，柄长 20cm；一为黄铜，柄长 19.5cm。柄内中空，可以储笔；下部为"斗"，可以储墨。据周继烈先生《铜匣古韵》称，此为日本墨盒，称作"矢立"，属于铸铜类，其中有的杆部和斗部有刻工，应属墨盒的延伸品种。

128. 墨斗兼笔插三支

三支杆部各长约 10cm，斗部分别为方、圆形盒体，可储墨。杆部较短，外端敞口，笔帽状，可插笔。每只口部均嵌有小铜环，方便携带。这种形状与日式"矢立"墨斗相类，但属手工制作，与"矢立"相比，不知孰先孰后，现也作为一个特殊品种留存。

129. 童子蕉叶纹鼓形墨斗

圆形，直径 6.5cm。顶部有盖，以小合页与底部相连，可开合。盖上刻一童子，并有寿桃、蕉叶和蝙蝠，主福寿双全。盒内置弹簧、巧舌，可以储墨，亦可作印盒，器型独特。

第五章　金石篆隶刻铜

130. "平阳"青铜文大墨盒

圆形：12.5cm×3.3cm，底铭"白铜　兴文"。铜质厚重，包浆莹润，刻工精细。盒面用双勾、阴刻两种手法，满刻青铜文字，结构谨严，线条娴雅端庄，深浅有致，十分耐看。

文字由马剑东先生释，照盒面排列如下：

```
方 尚 重 锺 王    大 宜 生 平
祥    冊 容 长    吉 子 宫 阳
      二 一       利 孙    大
故    斤 石 子       向    吉
治    第 黄 析    尊 作    祥
              子 彝
方 八    四 山 萬 厥    宜
      方四儿          用
      十 左    父    载
川 王    一尚十 癸    戊 甲 更
```

"兴文"，即"兴文阁"。详见胡今兆先生所著《百年琉璃厂》。

131. "吉利"青铜文墨盒

圆角方形：7.5cm×7.5cm×3.5cm。底铭"荣宝　乙"。铜质细腻，包浆润泽。刻工采阴刻与双勾两种手法，阴刻笔力清爽，双勾线条灵动，细视有翩跹若舞之势，不失为一青铜文字刻铜力作。

文字由马剑东先生释，照原盒排列如下：

父	孔	三	建	史	吉
作	文	年	安	方	利
侯	昌	寿	旅	父	中
王	宜	命	簋	作	酉
鬲				父	
文	母	亚	癸		载

"荣宝　乙"，荣宝斋墨盒底铭的一种特殊写法。

132. "小槎"款篆书墨盒

　　长方形：9.2cm×6.2cm×3.5cm，制作规整，包浆浑朴，刻工极为精到。
全刻为："金石缘，福寿绵；勤挹注，伴丹铅；即墨之封万斯年，愿君勿荒此
砚田。"落款为"小槎属篆"，"耘龛制铭"。此刻似融入了汉玉雕刻之游丝毛
雕技法，篆刻功夫和款字书写均非同寻常。以此观之，此二人当非凡者，惜手
头资料有限，未能查实。

　　"即墨之封"见前述。

金石緣福氣鑒新墓
耗涯伴月鉛印鑒
坐對慈期香顯君
勿荒此硯田

小樓腐篆

莊新龍刻於石

133."行之"款青铜文墨盒

　　长方形：7.5cm×5.2cm×3.5cm，铜质细腻，刻工规整。盒面文字自右向左排列为："斤二百，鉃萬二千，延光四年珊二百，汉延光壶铭文式，大吉祥宜侯"。落款"行之"。

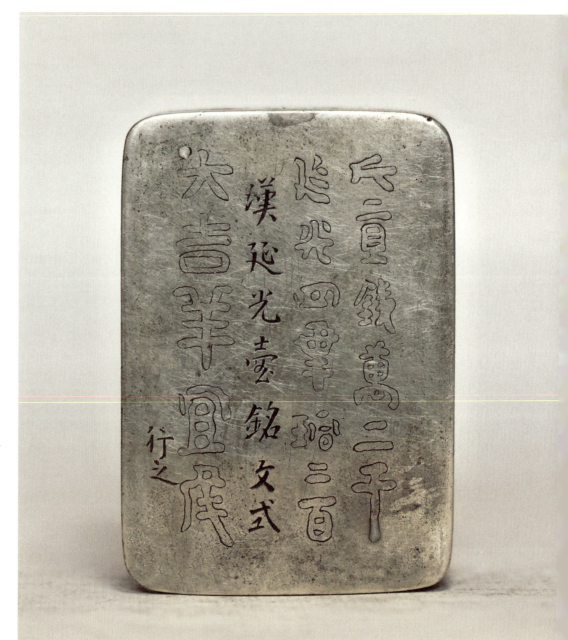

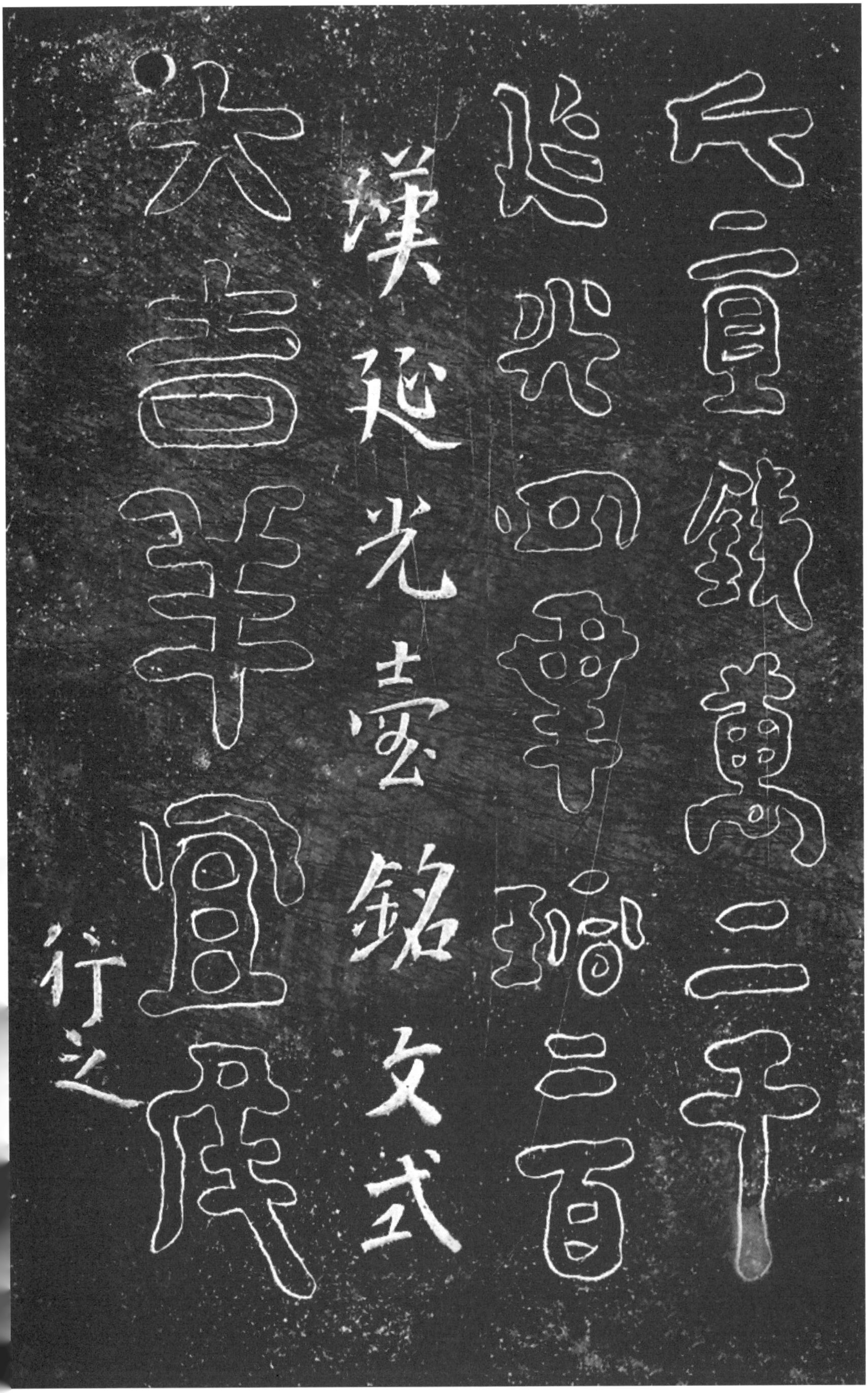

凡貢錢萬二千

延光四年留三百

漢延光壹銘文式

大吉羊宜農

行之

134. 青铜文墨盒 2 只

两盒均为方形。一为 6.9cm×6.9cm×2.2cm。底铭"义成"。文字采用阴刻加双勾笔法，布局饱满，疏密有致。另一为 7.1cm×7.1cm×2.6cm，黄铜质，亦为阴刻加双勾体式，刻工爽利，布局规整。两盒青铜文字均由马剑东先生释，分别排列如下：

作 叙 奔 龙　　载　　　岁 万　　奔 龍

为 王 钺 伯 癸 父　　　　　　钺 伯

　二 永 车 作 尊 天　　之 大 济　　作

将 月 昌　　忠 鼎 祝　　　　　　永 王

申 四 元　　　作　　　家 吉 南 宫 作

雨 日 年 鼎 旅　　袭

造 小

义成，据北京商业史志有关资料载，清末民初时，北京西四牌楼处有一家颜料店名"义成号"，很有名气，不知与此盒有无关系。

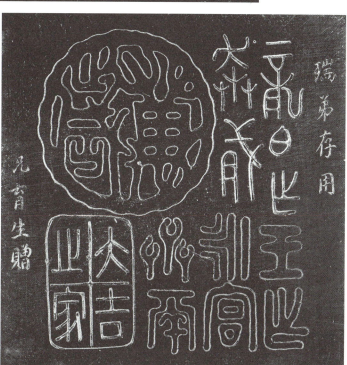

135. "黄山"青铜文墨盒

圆形：8.5cm×2.6cm。铜质细腻，刻工娴熟。

文字由马剑东先生释如下：

藝　　宝　杨　第　黄

　　　尊　作　四　山

月吉　羊　　父　汝　货

戈　子　彝丁　南

生　毓

136. "吉昌"青铜文墨盒

椭圆形：5.5cm×4cm×2.3cm。盒体不大，但铜质精细，刻工娴熟，布局考究，小器而大样。

盒面文字经赵鹏先生解释排列如下：

载　　　作
丙
昌　吉
石　平　辛

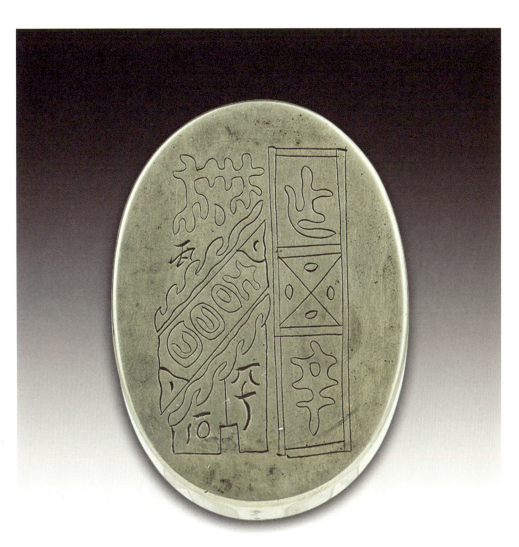

137. "吴禾彝"青铜文墨盒

圆形：4.8cm×2.2cm，底铭磨蚀不清。青铜文字采阴刻与双勾两种笔法，构图饱满，刻工精细。

文字由马剑东先生释，照盒面排列如下：

高	周	析	尊	向
睢	向	子		作
左	彝	儿	彝	厥
所	宫	吴	吴	宝
		禾	禾	
平	律	彝	作	彝

138. "延年益寿"开窗青铜文墨盒

方形：7.6cm×7.6cm×3.3cm，底铭"文华"。铜质精良，制作规整。周边开窗刻瓶炉博古图，内双勾加阴刻青铜文及篆书："延年益寿，可久长。大吉祥，宜侯王，孔文父作示"。

139. 开窗博古图墨盒

　　方形：7.8cm×7.8cm×3.2cm，底铭"竹石"。铜质厚重，刻工精细，制作规整。周边开窗刻锦地纹及双勾青铜文字，内刻瓶炉，分置梅花与牡丹，旁置书函与荸荠，其意吉祥典雅。

　　青铜文字为"伯作　宝敦　子子孙孙　永享"。

140. 开窗青铜文花鸟图墨盒

长方形：8cm×6.2cm×3.2cm。底铭"兰石"。周边阴刻青铜文字，内刻牡丹花鸟，刻工细腻，寓意吉祥。青铜文字为赵鹏先生释，右起分四行排列如下：

右：丙午神钩君高匮父中（从上至下）

下：酉父作旅簋享衣（从右至左）

左：乙公作傅鼎子子孙示命（从上至下）

上：王作永宫齐鬲（从右至左）

141. 篆书墨盒一对

　　圆形：5.8cm×2.8cm。铸制成型，上篆刻："偶向明月问今古，愿共梅花住一山。"刻工古朴，包浆古旧，意境悠远。

142. 篆刻五言古诗墨盒

圆形：5.5cm×2.5cm，上刻古诗五句："花暖青牛卧，松高白鹤眠。语来江色暮，独自下寒烟。秋日聚源侠。"经查前四句为李白《寻雍尊师隐居》诗后部，其前四句为"群峭碧摩天，逍遥不计年。拨云寻古道，倚石听流泉"。全诗所述，为李白在寻访雍尊师途中所见景色，以及自己对雍尊师的仰慕之情。其中"青牛卧"与"白鹤眠"，均为道家典故，借以颂扬雍尊师道行之深。"语来"是交谈的意思，全句是说二人说话之间，大江上的天色就不知不觉变得昏暗了，而后李白独自一人泛舟江上，寒雾弥漫，心情不免有些惆怅。

盒上所刻第五句非本诗内容，亦未查到出处。全刻为篆书，字体工整，一丝不苟。

143. 隶书"寿同金石"墨盒

方形：9.5cm×9.5cm×3cm。铜质厚重，包浆浑朴，刀工顿挫折转，极具功力。字为隶书变体，睹之有金石味道。署款"丁卯孟夏月 李在园自制于都门"；"都门"即京都城门，引申为京都。唐白居易《长恨歌》句曰："东望都门信马归，归来池苑皆依旧"，即言京都所见。此盒已近百年，保存十分完好，可见当初"自制"时即十分珍重，属一收藏佳品。

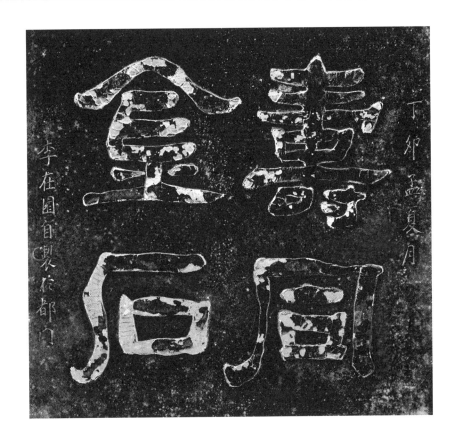

144. 隶书"自强不息"墨盒

长方形：10.3cm × 7.2cm × 2.8cm。底铭"文宝"。白铜，隶体深刻"自强不息"四字，甚具气势。

文宝，即当年位于北京琉璃厂的"文宝斋"，详见前述之《百年琉璃厂》。

145. 隶书"知足长乐"墨盒

方形：7.8cm×7.8cm×3cm。底铭"德华"。隶体深刻"知足常乐"四字，刀工流畅，颇具功力。

"德华"，经查在陕西西安报刊资料中记有一处老眼镜店，名"德华斋"，位于旧城南墙根一带。此店在西安及西北皆有名气，旧有民谣曰："南院门，吃洋糖；德华斋，眼镜行；要穿皮鞋鸿安祥。"但不知此店是否经营墨盒。

146. 隶书书法墨盒

　　方形：7cm×7cm×2.6cm，隶书体，刻工中规中矩，对仗亦工，睹之不乏情趣。

147. "清泉洗心"篆书墨盒

方形：7.1cm×7.1cm×2.6cm。篆书体，具我国二十世纪五六十年代知识分子思想改造时的语境特征。

148. "思想前进" 双勾墨盒

方形：7.5cm×7.5cm×2.6cm。底铭"永记长"。字为楷体双勾，刻工清爽，应为建国初期制品。

149. "建设祖国" 双勾墨盒

方形：9cm×9cm×2.8cm。行书双勾，刻工潇洒流畅，铜质较精。睹此墨盒，如见解放初期经济建设的热烈场景。

150. "增产节约" 双勾墨盒

方形：7.7cm×7.7cm×2.1cm。隶体双勾，此盒为解放初期刻品，睹之能勾起对老一代人艰苦创业的亲切回忆。

151. "提高文化" 墨盒

椭圆形：7.8cm×5.6cm×2.1cm，盒面有"三合永造"字样，铸造成形，具解放初期提高与普及文化、或称"扫盲"的时代特征。上有五星，似为军方用品。

152. "向雷锋学习"篆书墨盒

方形：6cm × 6cm × 2.2cm，似为合金铜质，篆字填红漆，具 20 世纪 60 年代时代特征。

第六章　人物动物刻铜

153. 莲池垂钓图云角香盘

　　盘为云角长方形：25cm×14.5cm。银白铜，质地细腻，包浆古旧。图中二女，结伴立于池畔，手把长竿垂钓。池中荷莲竞放，彩蝶飞舞，二女则步履轻盈，裙裾飘摆，窃窃私语。盘中款识为："何事栏前笑不休，执竿结伴正风流。而今且把金鳌钓，为底当年许状头"，"辛卯冬立廷王珍画"。刻工精湛，线条清爽流畅，字与画皆典雅清丽。

　　"辛卯"，这里应为1891年，至于王珍究系何人，尚须查对。

行事
相莫笑
不休执竿
结伴西风
流而今且把
金鳌钓为底
当年许状头
辛卯冬
立廷玉珍画

第六章 人物动物刻铜

154. 寅生款仕女习书图香盒

　　扁方形：8.1cm×7.7cm×3.1cm。白铜质，包浆细润，刻工娴熟。盒面刻一女子，独坐树下读书，明媚俏丽。另一面及顶面均为文字，讲吸食鸦片的虚幻感觉和实际危害，告诫人们"贪而久必伤"，劝人"戒之须戒之"，落款寅生。观此盒人物与字体，均具一定功力，但与寅生真品相比，则显娇俏有余而沉穆端庄不足，当为老仿。

質热而性凉味苦
而臭香火花之似
玉美味而清香盃
人不愛者貪而火
必傷戒之須戒之
劝君勿多尝寅生剝

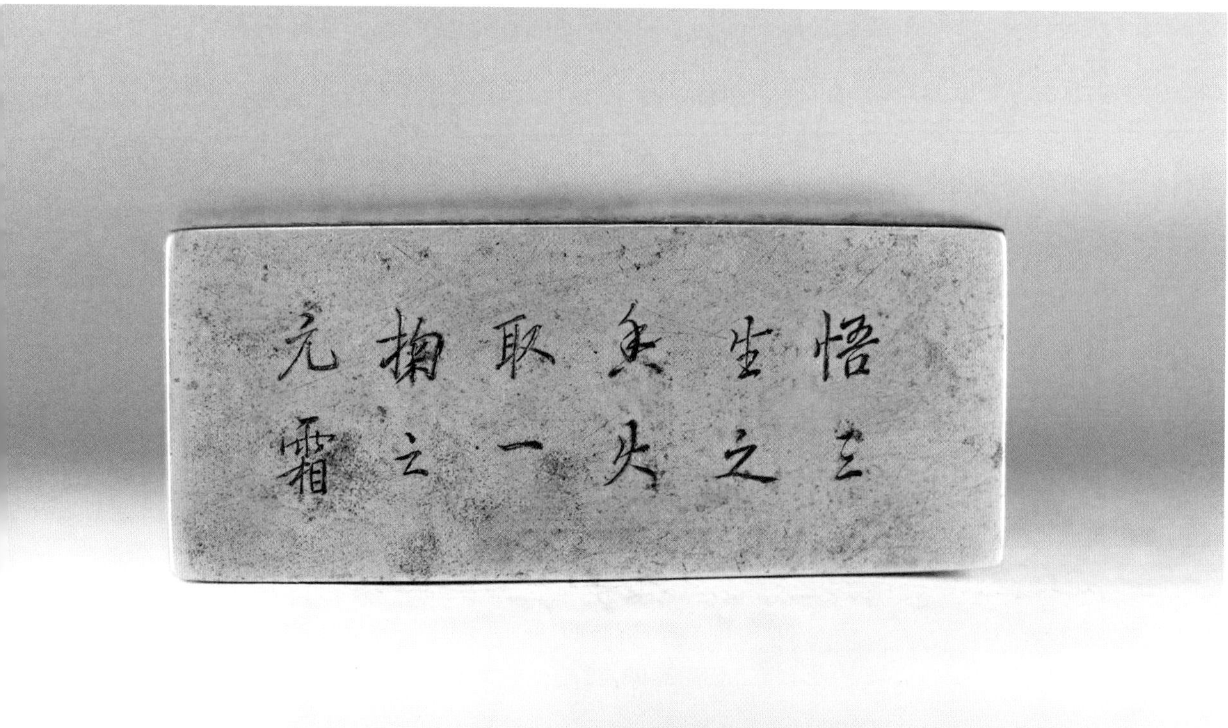

悟之
生之
美火
取一
掬之
元霜

悟之
生之
具火
取一
掬之
元霜

貨热而性凉味苦
而臭香火花之似
玉美味而清香岂
人不愛者貪而火
必傷戒之須戒之
劝君勿多尝賞生刻

237

155. 《西厢记》人物场景香盒

扁方形：9.7cm×8.2cm×4.9cm。白铜，细腻厚重，做工考究。盒面刻男女二人，相拥而坐，似为《西厢记》之场景。另一面满刻文字，节录自《醉翁亭记》。两侧分别刻荷莲及瓶炉博古图，顶部篆书"富贵吉祥"及青铜古币纹饰，刻工老到，具相当功力。

臨溪而漁溪深而魚肥
釀泉為酒泉清而酒洌
山肴埜蔌雜然而前陳
者太守宴也宴酣之樂
非絲非竹射者中弈者
勝觥籌交錯坐起而諠
譁者眾賓歡也蒼顏白
髮頹乎其中者太守醉
也右錄醉翁亭記於京

156. 浣纱图墨盒

椭圆形：7.8cm×5cm×2.8cm。黄铜质，底铭"丰□"。盒面刻一仕女，独坐溪边浣纱，线条尚显流畅，人物情态却不具传说中西施风姿。倘西施果如此，则难免"头白溪边尚浣纱"了。

157. 莲池泛舟图墨盒

长方形：8cm×5.5cm×2.9cm。铜质精良，制作规整，刻工精细。画面一少女独自泛舟莲池，手把兰桨，轻挽双鬟，端庄秀丽，若有所思。周边荷莲竞放，柳丝低垂，清静闲雅之态尽显。署铭"辛巳夏 石田"，并用"石田"小方章一枚，精巧雅致。

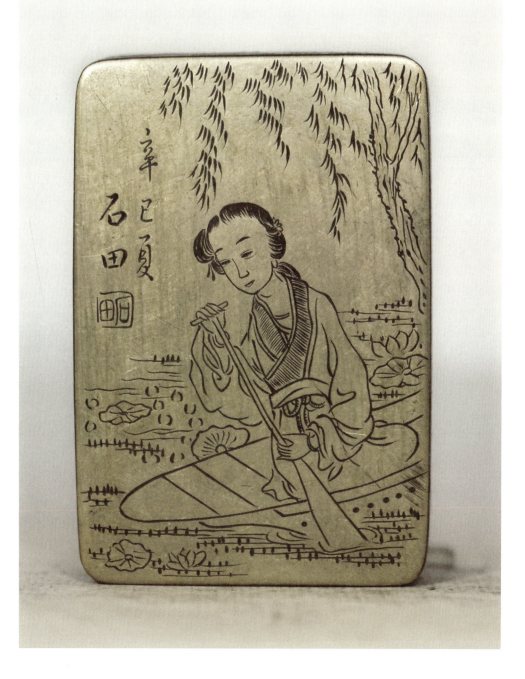

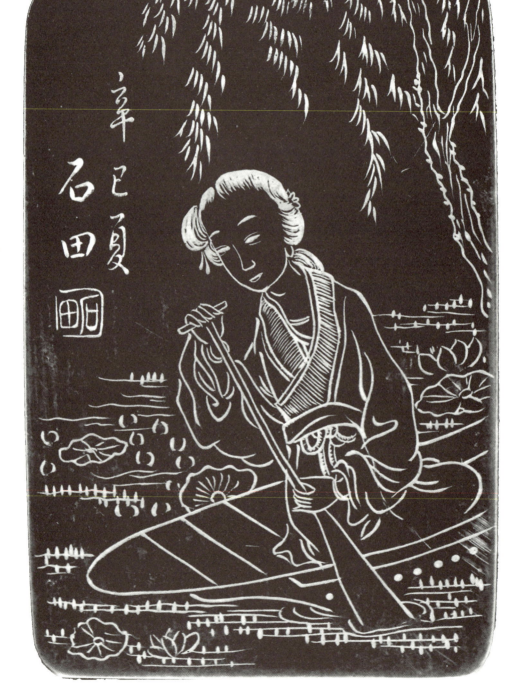

158. 松下仕女图墨盒

圆形：6.5cm×2.5cm。盒面二女依石树下，旁置书函，一女持卷，一女赏花，神情专注。图意似为"二乔"，画面亦应有些来历。

159. 抚琴图墨盒

方形：6.5cm×6.5cm×2.3cm。底铭"成兴"。铜质细腻，刻工精细。图中刻芭蕉仕女抚琴图。仕女及身旁芭蕉、围栏、细草、飞蝶，刻画细致入微；二女的眉目、发式、衣纹、情态、手指，以及琴弦及案头书函的细部装饰，均一丝不苟，惟妙惟肖，睹之大有兰指轻抚，余音袅袅之感。盒右下用小方章一枚，署一"维"字，不知刻者究系何人。

第六章　人物动物刻铜

160. 芭蕉仕女图双联鼻烟壶

双联鼻烟壶，高低错落。高者 6.5cm，刻芭蕉仕女习书图，刻工细腻；低者 5cm，刻唐李峤咏桂诗句"枝生无限月，花满自然秋"（《桂》），意境十分优美。

161. 春日伴读图墨盒

长方形：12cm×5.5cm×3.6cm，底铭"昌造"。铜质厚重，器型规整。图中春风拂柳，嫩草初发，空旷宁静的原野上，仅一高士展卷树下，旁有琴童伺

候。读书亦不忘尽享大好春光，何其高雅乃尔！署款"聂志义"，并用"直轩"小方章一枚，似为自制，刻工、意境均佳。

162. 采菊东篱与倚松高士图墨盒

　　两盒均为方形：其一 9.2cm×9.2cm×3cm。铜质厚重，刻工老到。盒面刻一老者，拄杖行于篱傍。身后山石兀立，木叶飘摆，眼前菊花盛开，老人则宽袍博袖，鹤发童颜，显为"采菊东篱下，悠然见南山"之妙境。

　　其二为 7cm×7cm×2.8cm。盒面亦刻一老者，端坐石上，臂倚古松，神情专注，似在吟咏："景翳翳以将入，扶孤松而盘桓"。两盒所刻，尽显离世脱俗之态。

163. 孤舟独钓图墨盒

　　方形：7.2cm×7.2cm×2.8cm，盒面镀铬，刀工流畅，意境清奇。一老者独钓舟中，四面绝崖溪谷，芦草丛丛，舟中则一无所有，但老者全不在意，屏息凝神，倾心于水面垂丝，情态极其生动。

164. 高士垂纶图墨盒

椭圆形：8.8cm×7.8cm×2.5cm，白铜质，盒面刻一高士，头戴斗笠，手把长杆，独坐江边垂钓。背后是鱼篓、古树，对岸则芦苇飘拂，老者神情专注，悠闲自得，颇有"渭滨垂钓"之意境。

165. 戏曲人物图墨盒

椭圆形：9.2cm×4.6cm×2.1cm，底铭"茂金制造"。盒盖内嵌水银镜，内底光亮如新。盒面似曾镀金，因年久致边缘及局部磨蚀。上刻人物似戏曲"武松打虎"图，线条简洁生动，活灵活现。墨盒中此类图案少有，极具收藏价值。

166. 童子惜阴图墨盒两只

其一为长方形：9.2cm×6.2cm×2.7cm，黄铜质，盒表曾镀银，磨蚀殆尽。一童子头梳朝天髻，伏于石上读书，神情专注。

另一为正方形：7.2cm×7.2cm×2.5cm，白铜质，亦刻一童子头梳朝天髻，凭窗而立，手持书卷，注目园中芭蕉。两盒刻工娴熟，线条流畅，画面极具童趣。

167. 童子戏钓图墨盒

　　方形：7cm×7cm×2.6cm。刻一童子，头系双抓髻，俯身石上，手把鱼竿，手舞足蹈，喜形于色，童趣盎然。身后疏竹劲挺，枝叶婆娑，刀工十分劲爽、流畅。此盒铜质细润，画面生动，当属人物刻铜佳作。

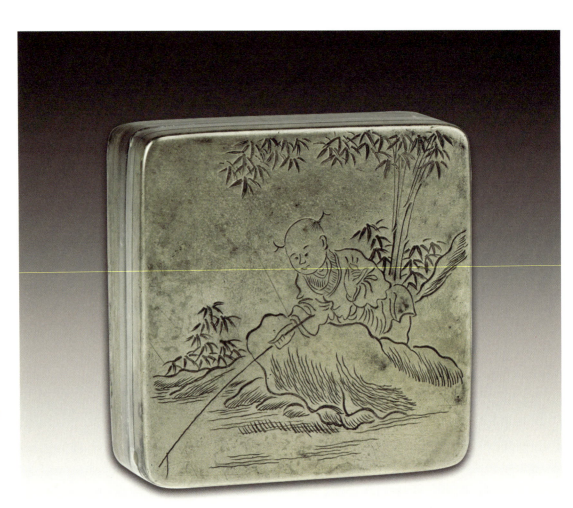

168. 童子持扇图墨盒

方形：7.8cm×7.8cm×2.8cm。刻一童子，手持团扇，树下倚石而坐，头大扇小，刻工稚拙，却不乏趣味。

169. 童子骑牛戏水图墨盒

方形：9.8cm×9.8cm×2.2cm。铜质精细，器形独特，刻工细腻流畅。盒面开光双勾青铜文，内刻二童子，在湍流中骑牛嬉戏。

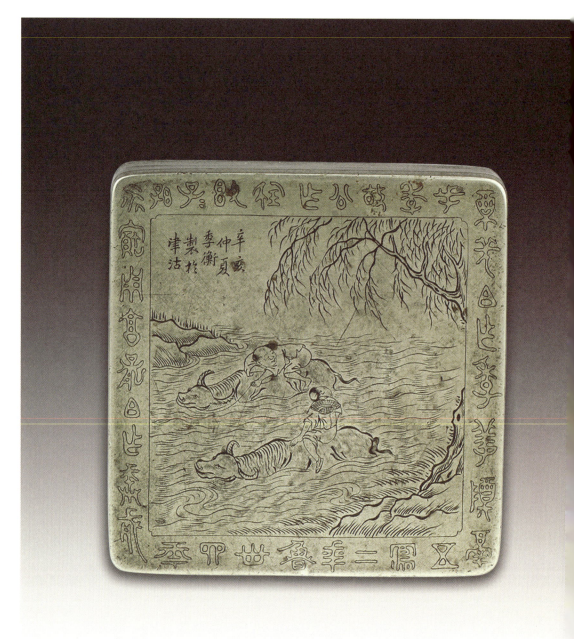

　　图中波光闪动，水窝盘旋，似为激流险滩，然二童子稳坐牛背，东张西望，顽态尽显。岸边柳枝飘拂，枝干半露，似与水中童子相应。落款为"辛亥仲夏季衡制于津沽"；辛亥即 1911 年，津沽即天津，季衡者不知何人。通观此盒，非刻铜高手莫能为之。

　　宝文，即"宝文堂"，创办于清道光年间，原址在崇文门外东打磨厂。初年仅印售各种帐簿，至同治年间改为印售图书，主要为各类通俗读物，同时制售刻铜类文房用品。解放后曾作为"戏剧出版社"副牌社，存留至上世纪 90 年代。

第六章　人物动物刻铜

170. 渔樵图镇尺一副

　　铜镇尺一副：23.5cm×3.5cm。黄铜质，曾镀银，年久剥蚀殆尽。其一刻樵夫，肩柴桥上，似为砍柴归来。另一刻渔夫，身背鱼篓，肩扛钓竿，蹀步水边，似欲外出捕鱼。此类题材清代多有，称渔、樵、耕、读。此镇尺尺型宽大，手感沉重，刻工古朴，应属一刻铜佳品。

171. 涧桥鹿鸣图墨盒

方形：9cm×9cm×3.2cm，白铜质。盒面刻巨岩深溪，横一小桥，桥头立一头梅花鹿，体形壮健，步态轻盈，似在鸣叫，尽显悠然自得之态。此类刻铜多作祝寿礼品，以山代寿，以鹿代禄，寓意福寿双全。

172. 双狮图墨盒

　　方形：9.3cm×9.3cm×3.7cm。白铜质，刻大小双狮，大的慈祥，小的顽皮，线条活泼灵动。此图又称"太狮、少狮"，亦属清代流行图案，象征"事事如意"。盒内底部尚留有旧时店铺钤盖的圆形兰印，依稀可辨，加之盒面图案线条中满布绿色染料痕迹，说明此盒未曾使用。

子雲仁兄

雅正

民國念四年

夏月

弟復田

敦贈

173. 和平鸽图墨盒

椭圆形：5.8cm×4.3cm×1.8cm。盒面刻双鸽，相向振翅嬉戏。线条简洁、明快、生动，形象寓意和平。从盒面包浆和图案看，应为解放初期刻品，反映了二战后世人普遍追求和平的美好愿望。此盒之外，附藏友赵鹏先生收藏的一册"世界拥护和平大会常设委员会宣言"稿及签名簿，留此同赏。

世界和平大会，又称赫尔辛基世界和平大会，是依据世界和平理事会的决议，于1955年在芬兰赫尔辛基召开的一次会议，有68个国家和地区总计1851名代表参会。会议通过了大会宣言及多项文件，是一次十分重要的世界性会议。由此可见，此盒虽小，寓意却非同一般。

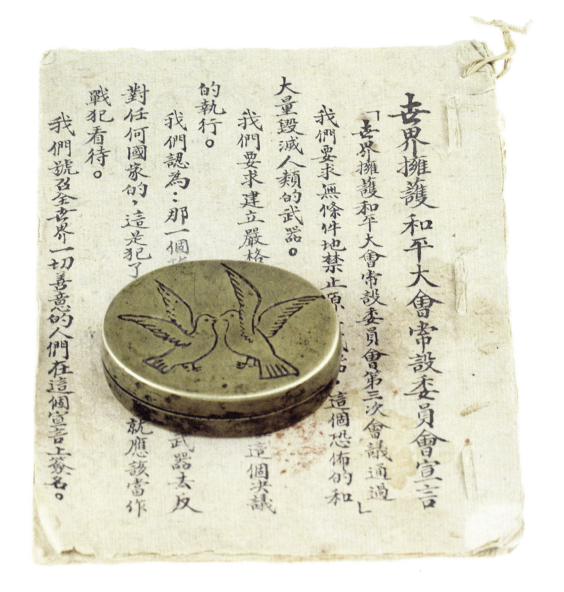

世界擁護和平大會常設委員會宣言

「世界擁護和平大會常設委員會第三次會議通過

我們號召全世界一切善意的人們在這個宣言上簽名。

對任何國家的，這是犯了戰犯看待。

我們認為：那一個就應該當作武器去反

我們要求建立嚴格的執行。

我們要求無條件地禁止原⋯⋯這個恐怖的和

大量毀滅人類的武器。⋯⋯這個決議

第七章　奖品刻铜及其他

174. "北京市朝阳区政府"奖品墨盒

圆形：7.5cm×2.5cm。铜质精良，手感沉重。上刻"好好学习，天天向上"八个字。此八字为毛泽东主席在 1951 年接见安徽国庆观礼团时，见有渡江小英雄马三姐，即亲送笔记本，并为其题词："好好学习，天天向上"。此语以后便成为激励全国学生的普遍用语。盒面所刻为题词仿本，深峻灵动，潇洒到位。落款为"朝阳区人民政府"赠"北京市育红小学全体师生"。该小学现位于北京市东北郊三环将台路一带。

天天向上

好好学习

毛泽东

育红小學全體師生

北京市

朝陽區人民政府贈

五四年六月一日

175. "山西省立一中" 奖品墨盒

长方形：10.4cm×7.2cm×2.8cm。铜质精良，制作规整。盒面刻"立身贵立志，革命先革心"10字，为"山西省立第一中学校"奖品。经查，该校即今太原名校第五中学的前身，位于太原市文瀛湖畔，创办于清光绪三十二年（1906）。初名"山西公立中学堂"，宣统二年（1910）更名为"山西晋阳中学堂"，民国元年再更名为"山西省立模范中学堂"，第二年即1913年又更名为"山西省立第一中学"，建国后于1953年定名"太原市第五中学校"至今。该校具有光荣的革命传统，自1922年起，中共山西支部创始人高君宇、彭真、贺昌等即在此读书，并进行革命活动，现为太原市级文物保护单位。有鉴于此，此盒甚具收藏价值。

176. "山西省立一师" 奖品墨盒

圆形：7.8cm×2.5cm。民国 11 年 "山西省立第一师范学校" 10 周年纪念奖。墨盒制作规整，刻工考究。盒面所刻 "端品、励学、耐劳、率真" 八个字，应为该校校训，时至今日，仍为教学之要。

经查，省立一师即今太原师专的前身，成立于 1905 年，时称 "山西省官立师范学堂"，后于民国 12 年更名为 "山西省立太原师范学校"，解放后于 1953 年再更名为 "山西省立太原第一师范学校"，1958 年与第二师范学校合并，改称 "太原师范专科学校"。

该校是山西近代名校，曾为山西培养了大批人才，使此盒甚具收藏价值。

274

177. "山西国民师范学校"和"国师小学"奖品墨盒

共两只。国民师范奖品盒为长方形：7.5cm×4.2cm×2.2cm，刻隶书体"时间黄金"四字，余为楷体。国师小学盒为圆形：6.8cm×2.2cm，底铭"万昌造"，盒面双勾"好学不倦"四字。两盒做工考究，刻工亦规整持重，间接证明了两校均有不凡经历。

国民师范全称"山西省立国民师范学校"，始建于1919年，是一所专门培养全省小学教师的学校。该校具有光荣的革命传统，是中国共产党在山西著名的活动基地之一。中共老一辈革命家徐向前、薄一波、李雪峰、程子华等均曾在该校读书并从事革命活动。现已在旧址建立纪念馆并被列为太原市革命传统教育基地。

"国师小学"即当时的省立国民师范学校附属小学。省立师范成立后，为给该校毕业生提供必要的实习场所，就地接收了原在新民西街开办的阳曲县第一国民小学，改为附属小学，全名为"山西省立国民师范学校附属小学校"，简称"国师附小"，亦称"国师小学"。此校当时名气很大，以致使得新民西街亦闻名省城，并于 1936 年左右将此街更名为"国师街"。至今该小学已人楼皆去，但国师街却一直沿用。可见两盒虽小，却值得珍藏。

178. "山西军人农事试验场" 奖品墨盒

方形：7.8cm×7.8cm×3.4cm。该盒铜质精良，制作规整，手感沉重。盒面刻一童子端坐树下读书，落款为"山西军人农事试验场牧畜专修奖品"。

经查，"山西军人农事试验场"为时任山西督军阎锡山所办，在全省分区分类设置。其中农事实验场牧畜专场设在雁门关外，经理吴佩琏（1898—1927）。此人为山西平陆人，后接受马列主义并加入了中国共产党，曾于1926年奉命赴武汉参加"农民运动讲习所"学习，担任学员队长，一年后分配到中央军校武汉分校工作。蒋介石叛变革命后，吴参加了叶剑英领导的第四军官教导团，担任教导团团长兼一营营长，曾率全营攻占了武汉市公安局、电报局等要害部门，后在观音山防守战斗中壮烈牺牲。新中国成立后，叶剑英在写给烈士遗子的信中称，自己与其父是"生死之交，胜似一母同胞"（详见《阎锡山大传》）。

179. "太原女师"奖品墨盒一对

椭圆形：8.1cm×4.2cm×2cm，两盒均为太原女师创办消费合作社特制，并分别颁给"会计"和"买办"以资纪念，至今已历百年，很有收藏价值。

"太原女师"，全称"太原女子师范学校"，创建于1909年，时称"太原女子学堂"，是当时山西名校。山西近代史上被称为"民国四大才女"之一的石评梅女士，即就学并毕业于此，而后考入北京女子高等师范学校，并由此走上革命道路。

太原女师消费合作社创办时会计之纪念

180. "崞县中学"奖品墨盒

方形：7.8cm×7.8cm×2.7cm。黄白铜，包浆古旧，刻制考究。盒面刻一学童，沿山路拾级而下并回首张望，天真烂漫，童趣盎然。上刻"乐群、爱公"四字，应为崞县中学校训。

崞县即今山西忻州市所辖原平市。"崞县中学"当时为该县及山西名校，始建于 1931 年，以善育英才著称。

刻铜文房

闲·赏

280

181. 河北"任丘县小学观摩会奖品"墨盒

长方形：11.8cm×5.2cm×3.4cm，盒面隶体双勾"任丘县小学观摩会奖品"字样，落款为"民国二十六年五月"。字体端庄，刻工洒脱，铜质精良，当为奖品盒之佳作。任丘现为河北沧州市所辖。

182. "河北行唐初小" 奖品墨盒

方形：7.8cm×7.8cm×2.8cm。盒面隶体双勾"成绩优良"四字，虽磨蚀较重，但刻工老到，字体规整，仍显力度。落款为"河北行唐初小会考奖品、第三名"。

河北行唐现属石家庄市，该县历史悠久，一向重教，2009年曾被联合国地名专家组（中国部分）正式授予"中国地名文化遗产——千年古县"之称。

183. "河北女师"奖品墨盒

方形：7.6cm×7.6cm×3cm。盒面隶体双勾"服务、勤劳"四字，是"河北省立女子师范学院"奖品。铜质精良，制作规整，刻工精细，应为学训奖品之佳作。

经查，河北省立女子师范学院成立于1929年，后与1904年创办的河北北洋女子公学合并，使其更具来历。

國文系第七學級學生郭全榮填交教學

週誌甲種獎品

服務勤勞

河北省立女子師範學院獎給 二十六年六月

184. "唐山同仁女校" 奖品墨盒

长方形：8cm×6cm×2.2cm，上刻"大吉祥宜用"与"宜子宜孙"等青铜文字，是"唐山同仁女学校"奖品，刻工精良，品相完好，几无使用。经查唐山同仁女校原名"唐山同仁小学"，系由地方绅士刘凯元创办于清光绪二十九年（1903），后又增设高等班，定名为"唐山私立两等小学堂"。至1912年依据民国政府通令改堂为校，三年后又改私立为公立，并不断扩大。"五四运动"后，刘凯元又顺应历史潮流，将同仁小学改办为"唐山同仁女子小学"，亦称"唐山同仁女学校"。

民國二十年六月

刻銅文房

闲賞

286

185. "德平县" 奖品墨盒

方形：5.9cm×5.9cm×2.2cm。盒面刻兰草，署"民国二十三年德平县第五科奖赠"字样。经查德平县位于山东省，原属德州，1956 年撤并。

186. "和林格尔县立高小" 奖品墨盒

椭圆形：7.5cm×5.3cm×2.5cm。署名民国 9 年"和林格尔县立高等小学校"毕业奖品。该县位于内蒙古自治区中部，为呼和浩特市所辖。

187. "宁津县" 奖品墨盒

圆形：4.8cm×2cm。宁津县观摩会奖品。该县位于山东德州，是全国有名的"文化县"。此盒从铜质和包浆看，应为民国时期奖品。

188. "夏令会"奖品墨盒

圆形：6.7cm×2.5cm。盒表镀铬，是民国时期华北基督教中学夏令会"优胜纪念"赠品。

189. "第一中校" 奖品墨盒

椭圆形：9cm×4cm×2.3cm。铜质精良，器型纤巧。盒面以凸腐蚀法印制王昌龄《芙蓉楼送辛渐》诗句。全诗为："寒雨连江夜入吴，平明送客楚山孤。洛阳亲友如相问，一片冰心在玉壶。"表明自己遭贬后依然秉持冰清玉洁的志向与节操的心境。隶书体，清新洒脱，为学训奖品之佳作。署款"第一中校"，不知该校竟在何处。

190. 壶形水滴兼笔插

扁方壶形：11cm×4.6cm×3.3cm。铜质细腻，包浆润泽。壶身一面刻兰、竹，潇洒飘逸，一面刻瓶炉博古，静穆端庄。盒盖设三孔，可作笔插，壶柄与壶嘴设计考究，整体构思精巧，器型别致，极具品位。

第
七
章

奖
品
刻
铜
及
其
他

191. "寅生刻"款铜锡合制水盂兼笔插

长方形：5.7cm×4.5cm×4.2cm，白铜为体，锡质为顶，开半圆口，内可储水。另设两小圆孔，可以插笔。盒体一面刻绶带牡丹，另一面刻字，花鸟生动细腻，字体潇洒流畅。

192. 扁瓶形墨壶

扁瓶形：高 9.5cm。壶身为梯形，细颈，顶珠盖。器型独特，包浆古旧，刻工流畅。瓶身所刻，句出袁枚《随园诗话》。意即作画（其实是说画梅）应追求淡雅，写文章则如观赏山峰，须有起伏，才有味道。

友如：似指晚清民国之吴友如，自幼喜画，尤善画梅，且自成一家。曾在上海主绘《点石斋画报》，名噪一时。"濡丞氏"不知为何人。

193. 送别图三头笔插

底座为梯形长方体，长 6.9cm。一面刻山水高士图，另一面隶体双勾"西园翰墨"四字，顶面嵌三只笔帽，可作笔插。制作精巧，刻工精细。落款为"民国三年，勤宣自制"。"勤宣"不知为何人。

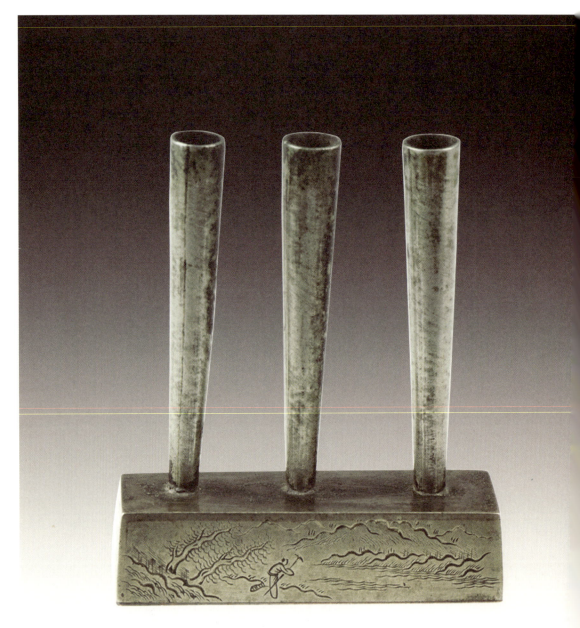

194. 梯形三孔笔插

梯型长方盒体，长、高各为 7.3cm×2.1cm，两面刻字，行草体："养之有素，炼之有方，金石外抱，经纶内藏，君子宝之，以焕文章。"意即有素养，有规制，有经纶，可助益君子的文章焕发出光彩。字体潇洒俊逸，顶面有三孔，可插笔。器小而雅，适于把玩。

第七章 奖品刻铜及其他

195. 双帽笔插两只

一只无工，包浆深厚；另一只双面刻诗："圆不离乎正，方不露其锋。虽浑沦未启，实色润无穷。"讲的是方与圆、外与内、静与动、有与无的辩证关系，也是为人处事的基本准则。以小物而扬宏旨，此文人雅士之所好。

196. 印章盒一枚

圆柱形，高 6cm，径 2.6cm，白铜质，润泽细腻。盒盖顶部设挂环，便于携带。此种印章盒少见。

197. 笔帽形单体笔插数只

各长约 10cm，上部为笔帽，可以扦笔。底部嵌各式铜座，有梯形、鼓形、花瓣形、六面形、方形、圆形等多种，式样不同，各具情趣。其中一枚刻有底铭："梧州　黄耀记"。

198. 笔帽形连体笔插两只

各为两只笔帽，左右镶嵌连接。插口与插顶部位镶有图案，并设有挂环，方便携带。做工别出心裁。

199. 刻诗文杯盏一具

高4cm、径7cm。刻五福捧寿纹，间隙刻唐人杨巨源《城东早春》诗一首："诗家情景在新春，绿柳才黄半未匀。若待上林花似锦，出门俱是看花人"。其中"上林"，当指上林苑，故址在今陕西西安，建于秦，扩于汉，唐代亦繁华。诗中用以代指长安。杨巨源，字景山，河中（山西永济）人，贞元五年进士，官至国子司业。

200. 铜水盂三只

　　一为黄铜嵌红铜口，径 6cm，底铭"永义昌　门市货"。其二为弦纹敞口，高 5.6cm。其三为云角方体圆颈敞口，口部镶红铜，高 4.5cm，盒体刻五言诗一首。三只水盂形态各异，应为晚清民国物。此前水盂多为瓷质，亦有铜质，十分考究。至此时日趋简便，其势已衰矣。

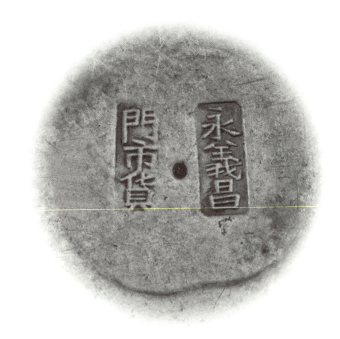

201. 齿型笔架一支

由两页铜片组成，各长 12.5cm，有圆齿。铜片中间部位各有空隙数厘米，可扞合，放置案头可以搁笔。

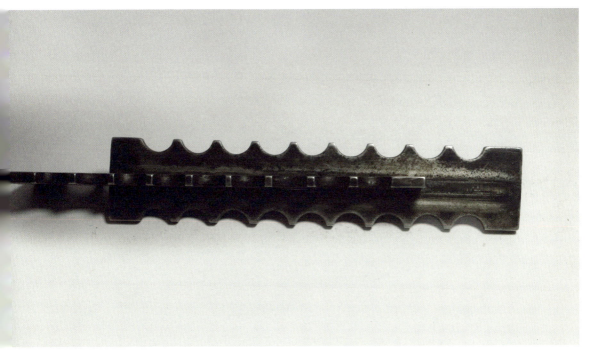

202. 铜镇尺几件

左 1、2 为腐蚀版荷莲纹镇尺一对，已磨蚀。左 3、4 为云蝠童子纹镇尺一对，刻工流畅，寓意吉祥。左 5、6 为行草体书法镇尺一对，其文为："一庭之内只可自乐，六经以外别无奇书"。文气十足，可知为书房雅物。右 1、2 各为单只，一山水，一书法，刻工考究。铜镇尺为文房刻铜一大类别，惜本人收集中失于关注，实为一憾。

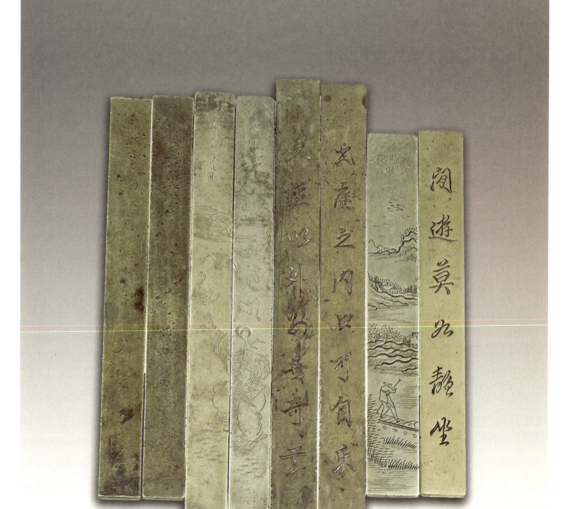

203. 尺型长镇尺一只

此尺有刻度，亦列为 10 等份，但整尺比普通用尺长约 2 寸，且十分厚重，故应为镇纸之物。

图书在版编目（ＣＩＰ）数据

刻铜文房闲赏／谢洪涛著．—太原：三晋出版社，
2016.6
ISBN 978 – 7 – 5457 – 1357 – 2

Ⅰ.①刻… Ⅱ.①谢… Ⅲ.①铜 – 墨盒 – 鉴赏 – 中国
Ⅳ.①K875.4

中国版本图书馆 CIP 数据核字（2016）第 154650 号

刻铜文房闲赏

著　　　者：谢洪涛
责任编辑：冀建海
责任印制：李佳音

出 版 者：山西出版传媒集团·三晋出版社（原山西古籍出版社）
地　　　址：太原市建设南路 21 号
邮　　　编：030012
电　　　话：0351 – 4922268（发行中心）
　　　　　　0351 – 4956036（总编室）
　　　　　　0351 – 4922203（印制部）
网　　　址：http://www.sjcbs.cn

经 销 者：新华书店
承 印 者：山西新华印业有限公司

开　　　本：787mm×1092mm　　1/16
印　　　张：20.5
字　　　数：160 千字
版　　　次：2016 年 7 月　第 1 版
印　　　次：2016 年 7 月　第 1 次印刷
书　　　号：ISBN 978 – 7 – 5457 – 1357 – 2
定　　　价：128.00 元